FOUCAULT,
a filosofia e a literatura

Roberto Machado

FOUCAULT,
a filosofia e a literatura

3ª reimpressão

ZAHAR

Jorge Zahar Editor Ltda.
rua Marquês de S. Vicente 99 – 1º
22451-041 Rio de Janeiro, RJ
tel. (21) 2529-4750 / fax (21) 2529-4787
editora@zahar.com.br
www.zahar.com.br

3ª reimpressão: 2012

Capa: Carol Sá e Sérgio Campante

CIP-Brasil. Catalogação-na-fonte
Sindicato Nacional dos Editores de Livros, RJ.

Machado, Roberto, 1942-
M133f Foucault, a filosofia e a literatura / Roberto Machado. — Rio de Janeiro: Zahar, 2000.

Anexo: Linguagem e literatura / por Michel Foucault
Inclui bibliografia
ISBN 978-85-7110-529-4

1. Foucault, Michel, 1926-1984. 2. Literatura — Filosofia. 3. Filosofia francesa. I. Título.

05-1770 CDD 194
CDU 1(44)

Sumário

Lista de abreviações

AS	*L'archéologie du savoir* [A arqueologia do saber]
DE	*Dits et écrits* [Ditos e escritos]
HF	*Histoire de la folie* [História da loucura]
MC	*Les mots et les choses* [As palavras e as coisas]
MMP	*Maladie mentale et psychologie* [Doença mental e psicologia]
NC	*Naissance de la clinique* [Nascimento da clínica]
RR	*Raymond Roussel*

Introdução

Não há dúvida de que, quando se trata de pensar a arqueologia de Michel Foucault como método de investigação, a referência filosófica importante para compreendê-la e situá-la no tempo é a epistemologia francesa de Bachelard, Cavaillès, Koyré, Canguilhem..., desde que se leve em consideração os dois principais deslocamentos que, ao retomar e reformular seus princípios, ela produziu em relação a sua principal inspiração metodológica. Em primeiro lugar, enquanto a história epistemológica se interessou pelas regiões de cientificidade da natureza e da vida, estudando ciências como matemática, física, química, biologia, anatomia, fisiologia, a história arqueológica investigou o homem como uma nova região, no sentido em que todas as suas análises formaram uma grande pesquisa sobre a constituição dos saberes do homem na modernidade. A arqueologia é uma análise histórico-filosófica do nascimento das ciências do homem. Em segundo lugar, enquanto a epistemologia examinou, ao nível dos conceitos científicos, a produção de verdade nas ciências, definidas como processos históricos de criação e desenvolvimento de racionalidades específicas, a arqueologia, pelo fato de ter gravitado em torno do homem, domínio a respeito do qual não parece ser possível estabelecer critérios rigorosos de cientificidade, pensou os conceitos como independentes das ciências, neutralizando a questão da cientificidade e realizando uma história filosófica de onde, em princípio, desapareceram os traços de uma história do progresso da razão, do conhecimento ou da verdade, sem a qual o projeto epistemológico seria impossível. Na medida em que não privilegia em suas análises a racionalidade científica, o grande interesse da arqueologia é ser capaz de dar conta desses saberes específicos, criados na modernidade, que são bem diferentes dos estudados pelos epistemólogos franceses, a ponto de não se saber dizer com certeza se podem ou não ser propriamente considerados científicos, o que torna, nesse caso, o método epistemológico ineficaz, insuficiente ou desinteressante.

Esse foi o tema de meu livro *Ciência e saber. A trajetória da arqueologia de Foucault*. Se volto agora a Michel Foucault, é com um objetivo diferente, mas complementar. Pretendo mostrar que, quando se trata de compreender, não a arqueologia como método de investigação, como foi o caso, mas a temática filosófica do Foucault arqueólogo, as questões que norteiam ou motivam suas investigações, é a filosofia de Nietzsche que deve ser privilegiada. Acredito mesmo que os deslocamentos metodológicos produzidos por Foucault em relação à epistemologia para criar sua arqueologia se devem, em grande parte, ao interesse por Nietzsche e sua problemática filosófica, bem diferente da dos epistemólogos a respeito da ciência, da verdade, da razão ou da modernidade. Pretendo, assim, evidenciar o quanto sua análise dos saberes modernos — inclusive da filosofia — como saberes "antropológicos", humanistas, é profundamente inspirada na crítica nietzschiana do niilismo da modernidade. Mas meu propósito é também e antes de tudo mostrar como essa referência a Nietzsche se deve principalmente aos literatos que introduziram na França não propriamente o comentário de Nietzsche, mas, o que é muito mais importante, um estilo nietzschiano, não-dialético e não-fenomenológico, de pensamento: Bataille, Klossowski, Blanchot.

Se acompanharmos as declarações de Foucault em entrevistas, ao longo dos anos 60 e 70, é possível notar sua reticência em se considerar filósofo, seja lamentando que a filosofia se tenha tornado uma disciplina universitária sem importância, seja argumentando historicamente que ela não existe mais como atividade autônoma, encontrando-se disseminada por atividades científicas, políticas ou literárias. Esse tipo de declaração não significa obviamente que, para ele, a filosofia tenha chegado ao fim, como sua própria pesquisa filosófica pode atestar. Seu significado deve ser buscado em sua insatisfação com a redução, facilmente observada na atualidade, do filósofo ao historiador da filosofia e o conseqüente desaparecimento da dimensão crítica da atividade filosófica e sua exigência de criação do novo, do diferente. Mas deve também, e talvez sobretudo, ser buscado no evidente esforço de Foucault para escapar de uma filosofia do sujeito ou da consciência que dominava grande parte do que havia de mais criativo no pensamento filosófico francês da época em que começou a filosofar. Acredito inclusive que essas posições profundamente nietzschianas que guiam sua reflexão nos anos 60 permitem compreender o tom inegavelmente provocativo da consideração que faz de Bataille como um exemplo de escritor que rompe incessantemente com a soberania do sujeito filosófico. Mas acredito, sobretudo, que o fato de sua leitura de Nietzsche ter tomado em consideração o que escritores como Bataille, Klossowski, Blanchot fizeram com ele levou Foucault a valorizar a literatura, ou, mais precisamente, a linguagem literária, como alternativa ao homem considerado como *a priori* histórico dos saberes da modernidade. Como se a linguagem, quando utilizada literariamente, livrasse, com seu poder de resistência, de contestação ou de transgressão, o pensamento do sono dogmático e do sonho antropológico a que ele esteve ou continua submetido na reflexão filosófica.

Não estou evidentemente querendo sugerir com a investigação que agora me proponho a existência de uma arqueologia da literatura, isto é, um estudo histórico-filosófico sistemático do nascimento e das transformações das produções literárias, como Foucault realizou a respeito dos saberes sobre o homem na modernidade em *História da loucura*, *Nascimento da clínica*, *As palavras e as coisas*. Isto não significa, no entanto, que seu interesse pela literatura tenha sido passageiro, esporádico ou marginal, como se poderia pensar, considerando o caráter disperso e desordenado de seus textos sobre o tema. Também não significa que seus estudos sobre autores tão diversos como Hölderlin, Sade, Roussel, Flaubert, Mallarmé, Artaud, Bataille, Klossowski, Blanchot, para citar os mais significativos, constituam um simples ornamento ou criação autônoma em relação à sua produção histórico-filosófica. Enquanto existiu, desde o momento em que escrevia a *História da loucura*, até um dia desaparecer ou se metamorfosear, depois da publicação de *As palavras e as coisas*, em 1966, ocupando a quase totalidade dos artigos desse período, sua reflexão sobre a literatura, seu trabalho com a literatura, ou, como seria mais preciso dizer, seu interesse pela linguagem literária inseriu-se perfeitamente em suas pesquisas da época: sobre a psiquiatria, sobre a medicina clínica, sobre os saberes que dizem respeito ao homem de um modo geral.

Por que não se pode desconsiderar essa reflexão sobre a literatura quando se quer compreender a filosofia de Foucault? Pelo menos por dois motivos. Em primeiro lugar, porque seu trabalho com a literatura acompanhou os deslocamentos temáticos de suas pesquisas, seguindo de perto as inflexões das análises arqueológicas. Ao se referir, em maior ou menor grau, a textos e autores literários em seus livros ou em artigos escritos nessa época — publicados em livro, em 1994, como parte de seus *Ditos e escritos* — Foucault sempre teve a ambição de relacionar a literatura à loucura, à morte, e à problemática geral do homem na modernidade, temas principais dessas pesquisas histórico-filosóficas. Não que os textos mais recentes, que focalizam temas diferentes dessa etapa arqueológica de seu pensamento, desautorizem ou invalidem os anteriores, ao mudar de interesse temático. Assim como acontece com as investigações arqueológicas, que no fundo formam uma grande pesquisa sobre o aparecimento dos saberes sobre o homem na modernidade, há também nesse caso uma complementaridade de temas que, quando correlacionados, permitem explicitar a concepção que Foucault se faz da literatura como um tipo específico de saber moderno. E, neste sentido, veremos que o grande invariante dessa reflexão é a questão da linguagem pensada como o âmago do ato literário.

Em segundo lugar, esse seu interesse pela literatura significou um complemento de suas análises arqueológicas, na medida em que, ao valorizá-la como contestação do humanismo das ciências do homem e das filosofias modernas, revelou mais claramente o aspecto positivo, afirmativo, o lado que diz sim, para retomar a expressão de Nietzsche, de um pensamento filosófico que em suas pesquisas sobre as ciências ou pseudociências mostrou-se profundamente negativo, crítico, demolidor. Ao explicitar e enaltecer, como que num contraponto a suas pesquisas arqueológicas, uma postura não-humanista da literatura na modernidade — a partir do privilégio concedido a autores que realizam ou realizaram uma experiência não representativa ou não significativa da linguagem —, e até mesmo sugerir uma ontologia da literatura concebida como uma teoria do ser da linguagem, os textos de Foucault sobre literatura vão bem além de uma temática estritamente literária. Neste sentido, isso lhe permite apresentar com mais liberdade o âmago de suas idéias filosóficas, que só aparecem implicitamente nos estudos críticos dos saberes antropológicos. Daí a importância de dar conta dessas reflexões em suas grandes linhas, articulando-as às pesquisas arqueológicas a que estão vinculadas.

A loucura

Toda a pesquisa arqueológica de Foucault pretende pensar o que é o moderno, situando-o em relação ao clássico. Na *História da loucura* isso levou a duas descobertas fundamentais ou à descoberta de uma descontinuidade, de uma grande ruptura em dois níveis diferentes: o das teorias sobre a loucura e o das práticas que dizem respeito ao louco. Mais precisamente, um nível em que preponderam as teorias, outro, em que preponderam as práticas, pois a esse respeito a separação não é total. O fundamental é a existência da loucura sob o olhar da razão, ligando-se a um sistema de operações médicas relacionadas aos sintomas e às causas e, em outro nível, por sinal mais elementar, do louco situado do outro lado da razão, ligando-se a concepções políticas, jurídicas, econômicas.[1]

Fazendo, mais ou menos no estilo dos epistemólogos, uma história que recua no tempo e procura compatibilidades e incompatibilidades entre saberes do presente — no caso, a modernidade — e saberes do passado — o classicismo —, Foucault descobriu algo original e muito importante: primeiro, que em um período recente da história ocidental, que se estende até a Revolução Francesa, ainda não existia a categoria psiquiátrica de doença mental; segundo, que antes de se tornar doença mental — com Pinel, Esquirol e os psiquiatras do final do século XVIII e início do XIX —, a loucura era simplesmente doença, e como doença estava integrada, como as outras doenças, no tipo específico de raciona-

1 Cf. HF, p.200-2.

lidade médica próprio da época clássica. Foucault aprofundará esse aspecto da *História da loucura* em seu livro seguinte, *O nascimento da clínica*, quando mostrará que a medicina clássica é uma medicina classificatória, uma medicina das espécies patológicas, que, seguindo o modelo da história natural, em relação às plantas e aos animais, estabelece identidades e diferenças entre as doenças, organizando um quadro em termos de classes, ordens, espécies. Para a racionalidade médica do século XVIII, a loucura é uma doença situada no jardim das espécies patológicas. Um bom exemplo disso encontra-se na *Nosografia metódica*, de Boissier de Sauvages, que apresenta a seguinte classificação: *Classes* — vícios, febres, flegmasias, espasmos, esfalfamentos, debilidades, dores, loucuras, fluxos, caquexias. *Classe VIII* — loucuras, "vesanias ou doenças que perturbam a razão": *Ordem I* — alucinações, que perturbam a imaginação; *Ordem II* — bizarrias, que perturbam o apetite, a vontade; *Ordem III* — delírios, que perturbam o juízo. *Espécies de delírios* — congestão cerebral, demência, melancolia, demonomania e mania.[2] Não há, portanto, na época clássica, esse exemplo mostra muito bem, uma medicina especial, como a psiquiatria, fundada na distinção entre o físico e o mental. Foucault salienta as dificuldades, resistências ou obstáculos que o conhecimento da loucura encontra para se integrar na racionalidade médica clássica. É que, desrespeitando seus princípios, ao fazer denúncias morais e estabelecer causalidades físicas, ou manter inalteradas algumas noções imaginárias mais essenciais do que seus conceitos, ou ainda utilizar teorias como as dos vapores e das doenças dos nervos, ligadas à prática terapêutica, mas estranhas à medicina classificatória, o conhecimento da loucura não permite que ela entre completamente na ordem racional das espécies patológicas.[3] Apesar dessas análises, que como nenhuma outra do livro aproxima a história arqueológica da história epistemológica, pode-se dizer que, de um modo geral, a loucura é uma doença como as outras, só que com sintomas diferentes. "Inútil procurar distinguir, na época clássica, as terapêuticas físicas e as medicações psicológicas. Pela simples razão de que a psicologia não existe."[4]

---

2 Cf. HF, p.210-1.
3 Cf. HF, p.212-25.
4 HF, p.359.

Mas a *História da loucura* estabelece uma ruptura ainda mais importante e cheia de conseqüências: antes da Revolução Francesa, antes de Pinel e Esquirol, não havia propriamente hospital psiquiátrico, uma instituição terapêutica própria para os loucos considerados como doentes mentais. O "Hospital Geral", criado por Luis XIV em 1656, marco do grande enclausuramento clássico, não é uma instituição médica; é uma instituição assistencial situada entre a polícia e a justiça: uma ordem terceira da repressão, sugere Foucault, que nada tem a ver com as questões da essência da loucura e da recuperação do louco, e sim com a exclusão dos indivíduos considerados perigosos porque associais. É o lugar de pobres e ociosos, em que a obrigação de trabalho tem valor de exercício ético e garantia moral.[5] Foucault então evidencia, com a força impressionante de seu estilo, como o grande enclausuramento clássico constitui, produz uma população que para nossos olhos modernos, medicalizados, antropologizados, humanizados, aparece como heterogênea, mas que para a percepção da época é perfeitamente coerente, porque agrupa o que aparece como outro, como diferente, como estrangeiro aos olhos da razão e da moral e classifica como desrazão, desatino, o que pretende desclassificar. Fenômeno institucional que engloba, em primeiro lugar, a transgressão da sexualidade, ao internar o doente venéreo — que contraiu a doença fora de casa, é portador mais de impureza do que propriamente de doença e merece mais castigo do que remédio —, o sodomita, com sua sexualidade desrazoada, a prostituta, o devasso, os pródigos, os que mantêm "ligação inconfessável", "casamento vergonhoso"[6] ...; em segundo lugar, a "desordem do coração": magia, feitiçaria, alquimia ...; em terceiro lugar, a libertinagem, estado de servidão no qual a razão é escrava dos desejos e do coração,[7] no qual o uso da razão está alienado na desrazão do coração: basta pensar, para saber o que isso significa, que Sade foi um dos elementos dessa população enclausurada; finalmente, em quarto lugar, o louco. O louco, na época clássica, é parte integrante de um perigo que a razão clássica, não como razão

5 Cf. HF, p.86.
6 Cf. HF, p.105.
7 Cf. HF, p.115.

pura, científica, médica, mas como razão moral, social, classifica e desclassifica como desrazão, ausência de razão, negatividade vazia da razão, "vão simulacro da razão" e exclui da sociedade.[8]

Estamos diante de uma das teses mais importantes da *História da loucura*: a independência, a estranheza, a cisão, na época clássica, dos níveis das teorias sobre a loucura e das práticas com relação aos loucos. O que Foucault enuncia em uma frase lapidar, a que melhor permite compreender a estrutura do livro: "O século XVIII percebe o louco, mas deduz a loucura".[9] No classicismo, o ato de considerar alguém louco não se fundamenta em uma teoria médica da loucura; e, inversamente, a teoria da loucura se elabora não a partir da observação dos loucos, mas da doença em geral, tal como aparece no âmbito de uma medicina das espécies patológicas.

Há, portanto, quando se compara o classicismo e a modernidade, ruptura entre as noções de doença mental e doença, no que diz respeito ao conhecimento da loucura, e entre o hospício e o grande enclausuramento, no que diz respeito às práticas de internamento do louco. Mas só poderá seguir o fio condutor da argumentação da *História da loucura* quem se der conta de que, diferentemente do que acontece nos outros livros arqueológicos de Foucault, as rupturas não são totais, de que as teorias e as práticas não são independentes do que antes se passou, de que há sempre condições anteriores de possibilidade. Tomando o exemplo da loucura, esse primeiro grande livro de Foucault é uma crítica da razão: uma análise de seus limites, das fronteiras que estabelece e desloca, excluindo o que ameaça sua ordem, sem jamais questionar radicalmente a criação dessas fronteiras. Mas, além disso, esse deslocamento descontínuo de fronteiras é um processo orientado: se dá no sentido de uma crescente subordinação da loucura à razão que tem como última etapa — a etapa moderna — a psiquiatria ou a psicologização da loucura. A psiquiatria moderna, considerada como uma síntese híbrida, uma

---

8 HF, p.202. "Dizer que o racionalismo clássico é puro é dizer do que ele se purificou, como exclusão, por recusa, por desprezo", escreve Michel Serres em um dos primeiros comentários à *História da loucura* (*Hermes*, I, p.178).

9 HF, p.203.

mistura confusa, dos dois níveis heterogêneos em que o classicismo lida com a loucura e com o louco, é um refinamento da sujeição da loucura: "É essa queda na objetividade que domina a loucura mais profundamente e melhor do que sua antiga sujeição às formas da desrazão."[10]

Radicalização de um processo de dominação, a psiquiatria tem condições antecedentes. Mas para entender todo o alcance dessa formulação é preciso se dar conta de que ela aponta para as baixas origens dessa psicologização: suas condições históricas de possibilidade, suas "fundações secretas",[11] são mais institucionais do que teóricas. O que significa duas coisas. Em primeiro lugar, uma prioridade da prática sobre a teoria, ou da percepção moral e social sobre o conhecimento médico no próprio momento do nascimento da psiquiatria. A psicologização da loucura é fundamentalmente o resultado de um processo de humanização dos regimes punitivos que, na época da Revolução Francesa, instaurou novas técnicas sociais de controle e de assistência. Isto é, foi menos o exame médico que individualizou o louco, constituindo-o como doente mental, do que a organização, o funcionamento e a transformação das instituições de reclusão. Como diz a *História da loucura*: "Se o personagem do médico pode apossar-se da loucura não é porque a conhece, é porque a domina; e aquilo que para o positivismo assumirá a figura da objetividade é apenas o outro lado, a conseqüência dessa dominação."[12] "O que se chama prática psiquiátrica é uma tática moral, contemporânea do final do século XVIII, conservada nos ritos da vida asilar, e recoberta pelos mitos do positivismo."[13] Mas, além disso, essa prioridade da prática sobre a teoria médica é fundamentalmente histórica, temporal. A loucura só é objeto de conhecimento científico, na modernidade, porque foi antes objeto de excomunhão moral e social, porque foi herdeira da relação clássica da razão à desrazão. "O classicismo formava uma experiência moral da desrazão que serve, no fundo, de solo para o nosso conhecimento 'científico' da doença mental."[14] Ou

10 HF, p.463.
11 HF, p.119.
12 HF, p.525
13 HF, p.528.
14 HF, p.121; cf. p.548.

como diz o prefácio do livro, aludindo à separação entre razão e loucura instaurada pelo classicismo: "É constitutivo o gesto que separa a loucura, e não a ciência que se estabelece, quando volta a calma, depois que a separação foi feita. É originária a cesura que estabelece a distância entre razão e não-razão; quanto à captura da não-razão pela razão, para lhe arrancar sua verdade de loucura, ela deriva de longe da primeira."[15] Daí Foucault ser tão incisivo ao dizer que a psicologia jamais enunciará a verdade da loucura, porque é a loucura que detém a verdade da psicologia.[16]

Foucault nega, assim, que a medicalização ou psicologização da loucura seja o resultado de um progresso que teria levado ao desvelamento de sua essência. A ponto de Georges Canguilhem ter afirmado, no momento da defesa da tese — *História da loucura* foi uma das duas teses de doutorado em filosofia de Foucault —, que "o questionamento das origens do estatuto científico da psicologia não será a menor das surpresas provocadas por esse estudo"[17] e ter voltado a afirmar, mais recentemente, quase nos mesmos termos, que um dos objetivos da *História da loucura* é "o questionamento das origens do estatuto científico da psicologia".[18] Digamos que isso seja verdade. Mas para imediatamente perguntar: como isso é possível, se, diferentemente dos epistemólogos, Foucault não toma a cientificidade, definida pela atualidade de uma ciência, como norma para avaliar o seu passado, sua história? E, com efeito, ele enuncia explicitamente, no prefácio do livro, que sua escolha foi não partir de "verdades terminais" — a expressão é ótima em sua ambivalência —, foi se desvencilhar de qualquer "verdade" psiquiátrica, usar uma linguagem "neutra", isto é, livre da terminologia científica sobre a loucura, para ser capaz de se aproximar das próprias palavras da loucura, uma linguagem "sem apoio" científico, que vá até o fundo para trazer à superfície da linguagem da razão as condições de sua separação da loucura, ou, como ele diz no corpo do livro, para "deixar a loucura falar

15 In DE, I, p.159.
16 Cf. MMP, p.104; HF, p.175-6.
17 "Pré-rapport", in Eribon, *Michel Foucault*, p.135.
18 *Le Débat*, nº 41, p.38.

sua própria linguagem".[19] Retomar no projeto arqueológico a linguagem da razão seria compactuar com a redução da loucura ao silêncio, seria participar da responsabilidade da ordem da razão que torna a loucura cativa.

É verdade que o psicanalista Daniel Lagache, que também fez parte do júri que avaliou a *História da loucura*, parece ter observado durante a defesa — é uma informação de Didier Eribon[20] — que Foucault não pôde se afastar totalmente, como pretendia, dos conceitos contemporâneos, considerando inclusive um pouco superficiais as páginas da tese sobre Freud. Seria, então, a psicanálise a última e mais perfeita linguagem da ciência da loucura, que Foucault utilizaria para avaliar sua história ou pré-história? Não me parece. E um bom testemunho disso é "Fazer justiça a Freud",[21] conferência de Jacques Derrida no IX Colóquio da Sociedade Internacional de História da Psiquiatria e da Psicanálise, em 1991, intitulado "História da loucura, trinta anos depois". Ao analisar a posição e o papel de Freud no livro, para responder à questão se o projeto de Foucault teria sido possível sem a psicanálise, considerando que ele fala pouco dela, e de modo equívoco e ambivalente, Derrida se refere a um movimento pendular, de balancim, "um interminável movimento alternado que sucessivamente abre e fecha, aproxima e afasta, repudia e aceita, exclui ou inclui, desqualifica ou legitima, domina ou liberta",[22] que ora quer creditar, ora quer descreditar Freud.

O crédito aparece quando Foucault, comparando Freud a Janet, diz: "É por isso que é preciso ser justo com Freud ... Freud retomava a loucura ao nível de sua *linguagem*, reconstituía um dos elementos essenciais de uma experiência reduzida ao silêncio pelo positivismo ... restituía ao pensamento médico a possibilidade de um diálogo com a desrazão ... Não é absolutamente de psicologia que se trata

19 HF, p.176.
20 Cf. op. cit., p.136. Em entrevista ao jornal *Le Monde* de 22 de julho de 61, "La folie n'existe que dans une société", Foucault, distinguindo Freud e Lacan, reconhece que foi sobretudo o segundo que o marcou, e acrescenta: "mas também, e principalmente, Dumezil" (DE, I, p.168).
21 In *Foucault. Leituras da "História da loucura"*. Rio de Janeiro, Relume Dumará, 1994.
22 Ibid., p.62.

na psicanálise: mas de uma experiência da desrazão que a psicologia moderna teve como sentido mascarar."[23] Freud estaria assim associado a Nietzsche, e aos grandes artistas modernos que foram considerados loucos, como alternativa à psicologização moderna da loucura. A importância desse Freud que começou a pressentir uma experiência trágica —[24] o que o torna diferente dos representantes da psicologia positivista, que reduziam a loucura ao silêncio — foi ele ter considerado a loucura como linguagem ou a linguagem como espaço próprio da loucura, ao ter aberto a possibilidade de a relação do médico com o paciente se dar na forma de um diálogo em que a libertação da linguagem, a materialização, a expressão dos fantasmas do paciente em palavras, cura.[25]

Mas isso não é o bastante para Foucault continuar com Freud até o fim. Um descrédito, a meu ver muito mais forte do que o crédito, aparece várias vezes na *História da loucura*, quando Foucault estabelece uma continuidade de Pinel, Tuke, Esquirol e Broussais até Janet, Breuler e Freud, e afirma que toda a psiquiatria do século XIX converge para Freud. Por exemplo, quando diz que "o freudismo não conseguiu, porque não estava a isso destinado, nos livrar inteiramente do conhecimento moderno da loucura"; ou que a psicanálise "duplicou o olhar absoluto do vigilante com a palavra indefinidamente monologada do vigiado ... um olhar não recíproco ... uma linguagem sem resposta"; ou mesmo, no texto mais importante sobre a questão, que "Freud fez deslizar na direção do médico todas as estruturas que Pinel e Tuke haviam organizado no internamento. Ele de fato libertou o doente da existência asilar, na qual o haviam alienado seus 'libertadores'; mas não o livrou do que havia de essencial nessa existência; ele reagrupou os seus poderes, ampliou-os ao máximo, atando-os às mãos do médico ... É talvez por não ter suprimido essa última estrutura e ter conduzido

---

23 HF, p.360; Derrida, in op. cit., p.66.

24 A *História da loucura* diz o seguinte a esse respeito: "É ela, sem dúvida, que Freud, no ponto extremo de sua trajetória, começou a pressentir: são seus grandes dilaceramentos que ele quis simbolizar através da luta mitológica entre a libido e o instinto de morte" (p.40).

25 HF, p.457.

a ela todas as outras que a psicanálise não pode e não poderá ouvir as vozes da desrazão nem decifrar por si mesmos os sinais da insensatez. A psicanálise pode desfazer algumas das formas da loucura; ela permanece estranha ao trabalho soberano da desrazão".[26]

Além disso, o importante artigo "A loucura, a ausência de obra", que analisarei depois, pode ser tomado como indicativo ainda mais claro dessa posição de Foucault em relação a Freud, ao dizer que ele "devolveu as palavras a sua própria fonte — a essa região branca de auto-implicação onde nada é dito". Pois esse envolvimento da palavra sobre si mesma, "dizendo outra coisa, abaixo do que ela diz", significou, segundo Foucault, não uma livre expressão da loucura, mas apenas um deslocamento em uma série de proibições de linguagem, que, apesar da ruptura que introduz em relação à repressão da loucura como palavra proibida, característica da psiquiatria, levou a um novo tipo de proibição que consistiu em submeter "uma palavra, aparentemente conforme ao código reconhecido, a um outro código, cuja chave é dada nesta própria palavra".

Em última análise, a posição de Foucault em *História da loucura* é que a possibilidade de um diálogo da razão com a desrazão, no sentido de experiência trágica, com que a psicanálise acenava, não foi efetivada por causa do papel que o médico desempenha na psicanálise e que ele assimila, pelo menos duas vezes, ao de um taumaturgo no que diz respeito à relação médico-paciente. Freud agora é dissociado de Nietzsche e associado a Pinel; é um herdeiro da psiquiatria. Georges Canguilhem disse, na abertura do mesmo Colóquio em que Derrida apresentou seu texto, que não conseguia acreditar que Foucault tivesse sido seduzido pela psicanálise.[27] Considerando a oscilação da posição de Freud no livro, mesmo se o descrédito predomina, talvez essa afirmação seja exagerada. De todo modo, se não é por acaso que só agora um projeto como esse de Foucault pôde se formar — é minha hipótese — isso se deve menos a Freud ou a uma abertura da psiquiatria, responsáveis por uma certa libertação da loucura, como

---

26 HF, p.225, p.508, p.529-30, respectivamente.
27 "Abertura", in *Foucault. Leituras da "História da loucura"*, p.35.

supõe Derrida,[28] do que a Nietzsche. A grande ambição da *História da loucura* é medir a psicologia pela desmesura, pela desmedida da obra de Nietzsche e alguns artistas que podem ser considerados seus aliados[29] como pensadores trágicos em busca de uma alternativa ao papel preponderante e excludente da razão.

Como, então, responder com precisão à questão formulada por Derrida em seu primeiro texto sobre a *História da loucura*, "Cogito e história da loucura" — e retomada neste segundo — sobre o que, em última instância, Foucault apoiou sua linguagem sem apoio?[30] Minha posição é a seguinte: se Foucault pôde não partir de verdades terminais e usar uma linguagem sem apoio em uma razão psiquiátrica, psicológica ou psicanalítica, sem, ao mesmo tempo, se ter contentado em realizar uma história meramente factual, descritiva, é porque partiu do que, inspirado em Nietzsche, chamou de "experiência trágica da loucura", pensada como um valor positivo capaz de avaliar as teorias e as práticas históricas sobre a loucura; para isso procurou, como é dito no prefácio, "reencontrar, na história, o grau zero de história da loucura, onde ela é experiência indiferenciada, experiência ainda não separada pela própria separação".[31]

A idéia de uma experiência trágica da loucura e a função que ela desempenha na *História da loucura* são o que mais afasta esse livro da epistemologia e da subordinação, que ela estabelece, da análise histórica de uma ciência à última linguagem dessa ciência tomada como critério de avaliação da própria racionalidade científica. Como se Foucault tivesse compreendido que a relação dos últimos conceitos psiquiátricos, psicológicos ou até mesmo psicanalíticos com a loucura não é a mesma que a de uma ciência para com sua história.[32] Mas não só isso. A importância inegável que

28 Cf. "Cogito et histoire de la folie", in *L'écriture et la différence*, p.61.

29 HF, p.557.

30 Cf. op. cit., p.56: "Cogito et histoire de la folie", in op. cit.

31 DE, I, p.159.

32 É interessante observar que, em "O que é um autor?", Foucault distingue os fundadores de ciência, como Galileu e Newton, de fundadores ou instauradores de discursividade, como Freud e Marx, embora diga, no mesmo ano, na *Arqueologia do saber*, que Freud produziu uma ruptura em relação ao discurso sobre a sexualidade, instaurando um discurso de tipo científico (Cf. AS, p.252).

tem, nesse momento da trajetória da arqueologia, a tese da existência de uma experiência trágica da loucura é o que mais aproxima Foucault da filosofia de Nietzsche, sobretudo do modo como ela é formulada em *O nascimento da tragédia* — livro com o qual *História da loucura* apresenta uma homologia estrutural surpreendente.

O objetivo final de *O nascimento da tragédia*, dito em poucas palavras, é denunciar a modernidade como civilização socrática, racional, por seu espírito científico ilimitado, por sua vontade absoluta de verdade, e saudar o renascimento de uma experiência trágica do mundo em algumas das realizações filosóficas e artísticas da própria modernidade. Essas criações filosóficas e artísticas, identificadas pelo Nietzsche da época sobretudo em Schopenhauer e Wagner, retomam a experiência trágica existente na tragédia grega, que, durante determinado momento, possibilitou, pela arte, a experiência do lado terrível, tenebroso, cruel da vida como forma de intensificar a própria alegria de viver do povo grego, mas foi reprimida, sufocada, invalidada pelo "socratismo estético", que subordinara a criação artística à compreensão teórica, ou, pela metafísica, que, como dirá depois *Além do bem e do mal*, cria a oposição de valores: bem e mal, verdade e ilusão etc. Oposição metafísica que está na origem da razão, e que Nietzsche procurou desmistificar sem se situar no nível da própria razão, do pensamento racional, e por isso conferiu tanta importância à arte, sobretudo à arte trágica, o que o levou inclusive a escrever *Assim falou Zaratustra* mais como uma tragédia do que como um livro sistemático e conceitual.

Ora, do mesmo modo que, para Nietzsche, a história do mundo ocidental é a recusa ou o esquecimento da tragédia, a história da loucura, tal como interpretada por Foucault, é a história do vínculo entre a racionalidade moderna, tal como aparece nas ciências do homem, e um longo processo de dominação que, ao tornar a loucura objeto de ciência, a destituiu de seus antigos poderes.[33] Tem, portanto, razão Habermas quando, no *Discurso filosófico da modernidade*, diz, a respeito da *História da loucura*: "o arqueólogo é o modelo do historiador da ciência que opera sobre a história

33 Cf. HF, p. 359-60.

da razão e que aprendeu com Nietzsche que a razão apenas constitui a sua estrutura pela via da exclusão dos elementos heterogêneos e da concentração monódica sobre si mesma."[34]

Deste modo, a loucura tal como aparece no livro, além de figura histórica, é também e fundamentalmente uma experiência originária, crucial, essencial, que a razão, ao invés de descobrir, encobriu, ocultou, mascarou, dominou, embora não a tenha destruído totalmente, por ela ter-se mostrado ameaçadora, perigosa. Assim como o primeiro livro de Nietzsche consiste na denúncia da racionalização, e portanto da morte, da tragédia a partir da experiência trágica presente nos poetas gregos pré-socráticos, a primeira pesquisa arqueológica de Foucault é a interpretação, ou reinterpretação, da história da racionalização da loucura, a partir de seu confronto vertical com uma experiência, ou uma estrutura trágica — constante, mais fundamental —, que permite denunciar como encobrimento esse "devir horizontal" que, em sua etapa moderna, define a loucura como doença mental. Que Foucault tem presente, no momento em que escreve a *História da loucura*, a análise de Nietzsche, uma pequena passagem do prefácio deixa bastante explícito, ao dizer que ele mostrou que "a estrutura trágica a partir da qual se faz a história do mundo ocidental não é nada mais do que a recusa, o esquecimento e o ocaso silencioso da tragédia".[35] E se quisermos um exemplo de como sua análise da loucura se vincula à problemática de *O nascimento da tragédia*, basta essa frase do livro: "A bela retidão que conduz o pensamento racional à análise da loucura como doença mental deve ser reinterpretada numa dimensão vertical; e nesse caso verifica-se que, sob cada uma de suas formas, ela oculta de uma maneira mais completa e também mais perigosa essa experiência trágica que tal retidão não conseguiu reduzir. No ponto extremo da opressão, essa explosão, a que assistimos desde Nietzsche, era necessária."[36]

---

34 Tr. port., p.227, nota 3.

35 In DE, I, p.161.

36 HF, p.40. Na entrevista de 66 "Michel Foucault, *Les mots et les choses*", Foucault reconhece que "a questão da separação ente razão e desrazão só se tornou possível a partir de Nietzsche e Artaud" (DE, I, p.500).

Sob a separação da razão e da loucura, origem da linguagem excludente da razão sobre a loucura, Foucault detecta e utiliza criticamente um tipo mais fundamental de linguagem, uma linguagem do outro, que é voz, rumor, murmúrio, abafado mas não destruído, e se manifesta transgressivamente em criadores trágicos como Nietzsche. É importante, deste modo, notar, o que a meu ver não tem sido feito, que essa loucura fundamental, essencial, não é propriamente uma realidade, uma coisa, um objeto, e sim um fenômeno de linguagem. O que se vê muito bem quando, estudando o delírio clássico, *História da loucura* enuncia: "A linguagem é a estrutura primeira e última da loucura."[37] Ou quando, ao apontar a necessidade de se fazer um estudo da loucura como estrutura global, *Doença mental e psicologia*, a caracteriza como "loucura liberada e desalienada, restituída de certo modo a sua linguagem de origem",[38] o que, bem na linha de Nietzsche, parece inclusive remeter ao *logos* grego, do qual o prefácio da *História da loucura* diz que "não tem contrário".

Não me parece haver sentido em dizer, como já se fez, que o livro teria tudo a ganhar se tivesse eliminado todo recurso à ontologia. O interessante é compreender o livro no que ele é, isto é, como ele funciona, e não a partir da obra posterior de Foucault ou do que o intérprete gostaria que ela fosse. É evidente que há uma ontologia em *História da loucura*. Aliás, Elisabeth Roudinesco, na introdução do livro que apresenta o IX Colóquio da Sociedade Internacional de História da Psiquiatria e da Psicanálise, dizia, a meu ver acertadamente, que o objetivo de Foucault não era a verdade psicológica da doença mental, mas a busca de uma verdade ontológica da loucura.[39] O que seria ainda mais correto se ela dissesse: a crítica de uma verdade psicológica da doença mental em nome da verdade ontológica da loucura. Mas, a esse respeito, o mais importante é assinalar que, se há uma ontologia no pensamento do Foucault dessa época, trata-se de uma ontologia da linguagem, como sua reflexão sobre a literatura mostra mais claramente do que suas pesquisas arqueológicas. E me parece

---

37 HF, p.255.
38 MMP, p.90.
39 Loc. cit., p.21.

também importante lembrar que, se há um romantismo da *História da loucura*, como alguns adoram repetir, é no Nietzsche do *Nascimento da tragédia* que ele deve ser procurado, e em nenhum outro lugar.

Se a *História da loucura* é um livro escrito "sob o sol da grande pesquisa nietzschiana", como diz o seu prefácio,[40] é, antes de tudo, porque nele a história da relação entre a razão e a loucura — que considerada pela razão como negatividade — é realizada a partir das "estruturas do trágico", única forma de não cair na armadilha de falar da loucura reduzindo-a ao silêncio, como tem feito a razão, seja no racionalismo clássico, seja na ordem psiquiátrica moderna. E se a hipótese de uma experiência trágica, considerada como "verdade imemorial",[41] como "verdade ontológica", como diz Pierre Macherey,[42] é decisiva no livro, é porque apenas essa experiência permite dizer a verdade da psiquiatria ou da psicologização da loucura, situando-a no processo histórico de um controle cada vez mais eficaz efetuado pela razão, processo de controle que evidencia como uma cultura rejeita sua parte maldita. Vejamos brevemente os principais momentos dessa rejeição, privilegiando o que é dito pela filosofia.

No Renascimento, em geral vigora uma hospitalidade para com a loucura, que a liga a todas as experiências importantes da época,[43] às grandes forças trágicas do mundo,[44] permitindo que Shakespeare e Cervantes dêem testemunho de uma experiência trágica da loucura nascida no século XV,[45] que ainda não a remete à verdade e à razão, do mesmo modo que Bosch e Breughel a expressam livremente na iconografia. Apesar dessa constatação, Foucault também detecta um incipiente controle da loucura presente nessa época através de uma crítica moral que a situa como miragem, sonho, ilusão. É o momento de Erasmo e Montaigne, em que uma consciência crítica subordina uma experiência trágica do homem

---

40 "Preface" a *Histoire de la folie*, in DE, I, p.162.
41 HF, p.397.
42 "Nas origens da *História da loucura*", in *Recordar Foucault*, p.66.
43 Cf. HF, p.18.
44 Cf. HF, p.34.
45 Idem.

no mundo a um saber que já privilegia a verdade e a moral. Para Erasmo, por exemplo, a loucura faz o homem aceitar o erro como verdade, a mentira como realidade, a violência como justiça, a feiura como beleza.[46]

Na época clássica, o controle se dá através de um racionalismo que desclassifica a loucura como erro, perda da verdade. É o momento de Descartes, em que a loucura é excluída pelo sujeito que duvida, em que a loucura se torna condição de impossibilidade do pensamento. Se eu penso não posso ser louco, se sou louco não posso pensar. Ouçamos Foucault comentando Descartes: "Se o homem pode sempre ser louco, o pensamento, como exercício de soberania de um sujeito que se atribui o dever de perceber o verdadeiro, não pode ser insensato. Traça-se uma linha divisória que logo tornará impossível a experiência tão familiar ao Renascimento de uma Razão desrazoável, de uma razoável Desrazão. Entre Montaigne e Descartes algo se passou: algo que diz respeito ao advento de uma *ratio*."[47] Enquanto Montaigne, meditando diante do poeta italiano Torquato Tasso, "o admira perguntando se o estado lastimoso dele não se deve a uma clareza grande demais que o teria cegado",[48] evidenciando que a razão não está livre do compromisso com a loucura, ou que razão e desrazão são inseparáveis, o que vigora no classicismo é uma incompatibilidade absoluta entre loucura e pensamento, que tem como conseqüência sua redução ao silêncio. E Foucault amplia e aprofunda sua interpretação ligando o ato da razão que exclui a loucura a uma decisão, uma escolha ética, uma opção da vontade responsável pela verdade, que ele considera como a condição do exercício da razão e da exclusão da loucura. O que o leva a concluir que a razão clássica — diferentemente da razão moderna, que se relaciona com a loucura por uma necessidade positiva — nasce no espaço da ética: "Assim como o pensamento que duvida implica o pensamento e aquele que pensa, a *vontade* de duvidar já excluiu

46 Cf. HF, p.35.

47 HF, p.58.

48 Maurice Blanchot, "L'oublie, la deraison", in *L'entretien infini*, p.293-4. Esta frase lembra o que diz Heidegger a respeito de Hölderlin: "A clareza brilhante demais jogou o poeta nas trevas" (*Approche de Hölderlin*, p.56).

os encantamentos involuntários da desrazão e a possibilidade nietzschiana do filósofo louco. Bem antes do *Cogito*, existe a arcaica implicação da vontade e da opção entre razão e desrazão. A razão clássica não encontra a ética no extremo de sua verdade e sob as formas das leis morais; a ética, como escolha contra a desrazão, está presente desde o início de todo pensamento ordenado...".[49] Exclusão da loucura do pensamento, correlata a sua exclusão da sociedade no Grande Enclausuramento. Momento decisivo da história ocidental, como diz Maurice Blanchot, em que "o homem, como realização da razão, afirmação da sabedoria do sujeito capaz de verdade é a impossibilidade da loucura".[50] "Inteiramente excluída, por um lado, inteiramente objetivada, por outro, a loucura nunca se manifestou por si própria e numa linguagem que lhe seria própria."[51] A loucura clássica é não-ser, prova *a contrario* da razão.[52]

Na modernidade, finalmente, o processo histórico de controle que Foucault pretende evidenciar atinge o máximo de sua eficácia através de ciências do homem que, aceitando a loucura como alienação — "movimento pelo qual a desrazão deixou de ser experiência na aventura da razão humana e foi circunscrita e como que encerrada numa quase-objetividade" —,[53] a patologizam como doença mental. É o momento de Hegel, que no parágrafo 408 da *Enciclopédia*, onde por sinal faz o elogio de Pinel, defende que a alienação mental não é mais uma perda abstrata da razão, uma ausência de razão, mas um antagonismo, um conflito, uma oposição, uma contradição, entre o particular e o universal, no interior da própria razão. A loucura não é mais considerada como total, completa, absoluta, o que a fazia ser pensada como incurável. Mesmo se há perturbação da razão em relação a uma representação particular, da qual sua consciência é prisioneira, o alienado não perdeu totalmente a consciência, ainda permanece nele uma cons-

---

49 HF, p.157. Sobre Descartes, cf. 56-9, 156-7, 175, 262, 363, 368, 535.
50 Loc., cit., p.294.
51 HF, p.189.
52 HF, p.535.
53 HF, p.104. "...é do fundo de uma experiência jurídica da alienação que se constituiu a ciência médica das doenças mentais" (p.144. Cf. p.146-9).

ciência normal, moral, racional, um resto de razão, com a qual suas representações particulares estão em contradição, e é justamente o que torna possível a sua cura. "O louco deixou que o 'gênio mal' da particularidade triunfasse dentro dele, mas não perdeu a razão ... continua tendo consciência do bem e do mal. E o terapeuta pode assim apoiar-se no que há de 'racional' no doente para devolvê-lo ao melhor de si mesmo."[54] Enquanto ainda para Kant a loucura era incompatível com um pensamento em conformidade com as leis da experiência, era incurável e excluía toda ação terapêutica, para Hegel, que reconhece em Pinel o responsável por essa descoberta, ela implica a existência de razão, de consciência racional, no doente, o que o torna por natureza, ou em princípio, curável. Deixando de ser erro, falsidade, não-ser, exterioridade da razão, outro da razão, desrazão, como na época clássica, a loucura, agora doença mental, diz respeito à alma humana, penetra em sua interioridade, no sentido em que o homem, em estado de loucura, não perde mais *a* verdade, mas *sua* verdade, sua essência, torna-se "estrangeiro com relação a si próprio, Alienado";[55] uma "estrutura antropológica de três termos — o homem, sua loucura e sua verdade — substituiu a estrutura binária da desrazão clássica (verdade e erro, mundo e fantasia, ser e não-ser, Dia e Noite)".[56]

Com o deslocamento da loucura de fora para dentro do pensamento ou, mais especificamente, da razão, com seu estatuto antropológico de outro que lhe é interior, o caminho para o homem verdadeiro passa, na modernidade, pelo homem louco, pelo alienado; a via de acesso à verdade natural do homem descobre no louco sua verdade profunda.[57] O que faz com que o momento da negatividade seja condição de possibilidade da psicologia positiva,

---

54 Cito a partir da paráfrase que faz Gérard Lebrun em "Transgredir a finitude", in *Recordar Foucault*, p.16. Derrida também parafraseia esse parágrafo 408 em "Fazer justiça a Freud", op. cit., p. 84-5. *A História da loucura* o cita à p.539. Sobre a concepção hegeliana da loucura, cf. também "Deux époques de la folie" de Gladys Swain e o comentário desse texto em *Da clausura do fora ao fora da clausura*, de Peter Pelbart.

55 HF, p.535.

56 HF, p.541.

57 HF, p.537.

no sentido em que a análise de fenômenos patológicos como o desdobramento, a amnésia, a afasia, a debilidade mental estejam no fundamento das psicologias da personalidade, da memória, da linguagem, da inteligência.[58] Como diz Foucault numa fórmula lapidar: "o *homo psychologicus* é um descendente do *homo mente captus*".[59] E se agora a loucura está sob a inteira tutela da razão, é por ela confiscada, é que, embora na loucura o homem possa aparecer alienado, afastado de si mesmo, a ação eminentemente moral da terapia pode desaliená-lo, libertá-lo, trazê-lo de volta à sua essência, à sua natureza, à sua verdade, novamente apto para exercer sua razão. A cura do louco está na razão do outro.[60] Com a modernidade atinge-se, finalmente, a antropologização, a psicologização, a humanização da loucura.

A *História da loucura* não é, portanto, um livro que dá voz ao louco. É um livro que, "sob o sol da grande pesquisa nietzschiana", mostra como a experiência trágica da loucura, que ainda se manifestava livremente no Renascimento — na França, chegou a haver, no século XVI, uma literatura da loucura, escrita por loucos —, foi excluída, reprimida, em instituições como "o grande enclausuramento" e o hospício, por um saber racional que, na época clássica, a concebeu como desrazão e, na modernidade, como doença mental.

Na *Arqueologia do saber*, de 1969, Foucault, pelo menos duas vezes, parece se mostrar desinteressado pela idéia de experiência trágica, quando afirma, a respeito de *História da loucura*: "Cometeríamos seguramente um erro se perguntássemos ao próprio ser da loucura, a seu conteúdo secreto, a sua verdade muda e fechada em si mesma, o que pôde ser dito a seu respeito em determinado momento" e "Não se procura reconstituir o que podia ser a própria loucura, tal como se apresentaria inicialmente em alguma experiência primitiva, fundamental, surda, quase não articulada, e tal como teria sido organizada em seguida (traduzida, deformada, deturpada, reprimida talvez) pelos discursos e pelo jogo oblíquo, freqüentemente retorcido, de suas operações". Sem dúvida esses textos deixam perceber um Foucault que pensa com categorias

---

58 HF, p.544-5.
59 HF, p.549.
60 HF, p.540.

diferentes das que estão presentes em seu primeiro livro, principalmente no que diz respeito à idéia de uma experiência trágica da loucura. Mas é interessante notar que ele não parece rejeitá-la totalmente, porque, logo em seguida a essa segunda passagem, escreve: "Sem dúvida, semelhante história do referente é possível; não se exclui de imediato o esforço para desenterrar e libertar do texto essas experiências 'pré-discursivas'".[61]

É verdade que *A arqueologia do saber*, livro bem posterior a *História da loucura*, apresenta, como veremos, uma concepção bem diferente da história arqueológica. Mas, para que não seja negligenciada a importância decisiva desse conceito de experiência trágica na primeira pesquisa arqueológica, posso, por exemplo, lembrar dois fatos: o primeiro é que, em 64, na conferência "Nietzsche, Freud, Marx", Foucault aproxima Nietzsche e Freud por terem lutado contra uma experiência da loucura que seria "a sanção de um movimento da interpretação que se aproxima ao infinito de seu centro e que desmorona, calcinado";[62] o segundo é que, em 1963, no "Debate sobre a poesia", Foucault dá como exemplo da convergência entre o seu trabalho e o da revista justamente o problema da experiência, definindo-a como experiência de transgressão e de contestação, noções que ele reconhece ter como origem Bataille e Blanchot, explicitando, a seguir, que o jogo do limite, da contestação, da transgressão, que na época clássica se encontrava sobretudo presente na relação razão-desrazão, agora aparece com mais vivacidade no domínio da linguagem.[63]

Sabe-se que a palavra "experiência" está abundantemente presente no pensamento de Foucault e mesmo que um sentido geral

---

61 AS, p.45 e 64-5.
62 DE, I, p.571.
63 Cf. "Débat sur la poesie", publicado em *Tel Quel*, nº17, in DE, I, p.395, 398. Esse sentido da palavra me parece, inclusive, ser condizente com a experiência interior, que Bataille identifica com a experiência mística, extática, que ele define como "uma viagem ao extremo do possível do homem, uma viagem em que se vai o mais longe que se pode e se atinge a fusão do sujeito e do objeto" (Cf. *L'expérience intérieure*, Gallimard, 1954, p.13, 17, 20, 55). É interessante observar que Bataille não a opõe à razão: "A experiência interior é dirigida pela razão discursiva. Apenas a razão tem o poder de desfazer sua obra, de derrubar o que ela edificava. A loucura é sem efeito ... Sem o apoio da razão não atingimos a 'sombria incandescência'" (p.64-5).

da palavra percorre sua obra, permitindo falar, por exemplo, de experiência médica e de experiência da sexualidade. Basta pensar na introdução do *Uso dos prazeres* para sentir a importância que Foucault lhe dá no último momento de sua pesquisa. E esse sentido englobante do termo aparece claramente quando, por exemplo, Foucault o relaciona aos temas básicos que, nesse momento, considera como principais eixos ou dimensões de sua pesquisa, ao afirmar: "O projeto era, portanto, o de uma história da sexualidade como experiência — se por experiência se entende a correlação, em uma cultura, entre domínios de saber, tipos de normatividade e formas de subjetividade."[64] Mas pode-se também pensar no *Nascimento da clínica*, onde a palavra "experiência" é inúmeras vezes utilizada, notando-se então que, além dos sentidos de experiência perceptiva, de observação ou de prática, ela tem o sentido mais geral e mais importante de experiência médica, englobando a percepção e a teoria, o ver e o dizer.

Ora, a importância do termo "experiência" também é crucial na *História da loucura*, no sentido, próximo desse, de uma "experiência da loucura em sua totalidade, isto é, no conjunto de suas formas cientificamente explicitadas e de seus aspectos silenciosos", o que o leva a apresentar a história que faz não como uma crônica de descobertas ou uma história das idéias, mas como a que segue "o encadeamento das estruturas fundamentais da experiência". Mesmo sentido que está presente quando, expondo as duas fontes da psiquiatria que vai de Pinel a Bleuler, Foucault diz que ela "formará conceitos que no fundo são apenas compromissos, incessantes oscilações, entre os dois domínios de experiência que o século XIX não conseguiu unificar: o campo abstrato de uma natureza teórica, na qual se delineiam os conceitos da teoria médica, e o espaço concreto de um internamento artificialmente estabelecido, onde a loucura começa a falar por si própria".[65] Assim concebida, portanto, a noção de experiência engloba tanto a percepção do louco quanto o conhecimento da loucura. Idéia que está em continuidade com a maneira como ele sempre a define,

64 *L'usage des plaisirs,* p.10.
65 Cf. HF, p.541, 548 e 414 respectivamente.

ao fazer dela o aspecto englobante dos elementos metodológicos a partir dos quais concebe sua obra.

Mas não é a esse sentido geral do termo que estou querendo me referir. Nem a um outro uso da palavra, também abundantemente presente no livro, em que ela aparece como sinônimo de percepção. Meu interesse é chamar a atenção para um outro sentido, mais restrito, e ainda mais importante, que se encontra na *História da loucura,* quando o livro se refere a uma experiência trágica, experiência esta que funciona como a própria condição de possibilidade da crítica dos saberes racionais sobre a loucura. E, a esse respeito, do mesmo modo que não duvido que a principal inspiração filosófica de Foucault tenha sido Nietzsche, também acredito que essa inspiração filosófica permite passar sem solução de continuidade a uma inspiração literária, através de escritores que introduziram na França, não propriamente os estudos de Nietzsche, mas — o que é muito mais importante do que isso — um tipo de pensamento herdado de Nietzsche. Um pensamento trágico que foi marcante tanto para o despertar de Foucault para o filósofo alemão, quanto para a elaboração de sua própria maneira de pensar. Estou me referindo a Bataille e Blanchot, e suas tentativas de experimentar a linguagem independentemente do sujeito que fala.

Minha hipótese, a esse respeito, é que nesse último autor, e na maneira como é interpretado o primeiro a partir dele, a experiência trágica se torna explicitamente uma experiência trágica da linguagem, o que permite a Foucault teorizar como experiência de pensamento a "experiência radical da linguagem", para usar essa boa expressão do *Raymond Roussel,*[66] que ele encontra na literatura moderna. Considero impossível compreender totalmente a problemática filosófica da *História da loucura* sem privilegiar essa noção de experiências de pensamento que são experiências-limite, de passagem ao limite, realizadas no espaço da linguagem literária, e que, bem na linha de Blanchot, são experiências de uma linguagem impessoal, que ultrapassa a oposição da interioridade e da exterioridade, do sujeito e do objeto, do eu e do mundo. Como diz Bataille: "O eu não tem a menor importância.

---

66 RR, p.205.

Para o leitor, eu sou um ser qualquer: nome, identidade, histórico, não mudam nada. Ele (o leitor) é um qualquer e eu (autor) também."[67] Como diz Blanchot: "O eu jamais foi sujeito da experiência; 'eu' jamais seria capaz disso, nem o indivíduo que sou, essa partícula de poeira, nem o eu de todos que supostamente representam a consciência absoluta de si..."[68]

Tanto a análise arqueológica da loucura quanto a reflexão sobre loucura e literatura estão ordenadas pelas noções de limite e de transgressão, que Foucault encontrou em Georges Bataille e Maurice Blanchot. Não que a palavra "transgressão" esteja presente em *História da loucura*. Creio que não está. Mas a idéia me parece estar. Foi o que vimos quando Foucault diz se sentir próximo do grupo da revista *Tel Quel* justamente pela utilização dessa noção, explicitando não só que ela se encontra em Bataille e Blanchot, como também que ela lhe permitiu contestar a separação entre razão e loucura. E o mesmo se pode perceber quando, em 64, poucos anos depois da publicação do livro, "A loucura, a ausência de obra" considera a loucura a face visível da transgressão, e, ao fazer referência à "libertação obscura e central da palavra no âmago de si-mesma, sua fuga incontrolável para um núcleo sempre sem luz, que nenhuma cultura pode aceitar imediatamente", a caracteriza como o jogo de uma palavra transgressiva.[69] Além disso, em "O que é um autor", citando Beckett e constatando que a escrita contemporânea se libertou da expressão, ele a caracteriza como uma experiência que está sempre procurando transgredir os limites de sua própria regularidade. Idéia também já exposta na conferência "Linguagem e literatura", de 64, ao indicar que a palavra literária é uma transgressão da própria literatura, e, até mesmo em 62, na introdução a *Rousseau juiz de Jean-Jacques*, quando também ele utiliza o termo, ao dizer que a linguagem literária é "ultrapassagem primeira, pura transgressão".[70]

É verdade que essas afirmações poderão ser tidas como uma ilusão retrospectiva de Foucault, se for levada em consideração

---

67 *L'expérience intérieure*, p.70.
68 "L'expérience limite", in *L'Entretien infini*, p.331.
69 DE, I, p.414 e 416.
70 Cf. "Linguagem e literatura", loc. cit., p.142-6 e DE, I, p.793 e 188.

uma regra metodológica que considero indispensável seguir para dar conta do que ele pensa em determinado momento, isto é, que nunca se deve aceitar como uma evidência inquestionável aquilo que ele diz de sua obra passada. Acontece que, mesmo se a palavra não é usada, a idéia de transgressão é notória em *História da loucura*. Como se pode ver, por exemplo, quando o livro salienta que Sade reata com os poderes da desrazão no sentido de experiência trágica e reencontra a profundidade das profanações, como também quando ele se refere ao que há de "profanador em uma obra".[71] Uso da palavra "profanação" no sentido de transgressão que se torna claro quando se pensa que no "Prefácio à transgressão", sobre Bataille, Foucault define a transgressão justamente como "uma profanação que não reconhece mais sentido positivo ao sagrado".[72] E talvez seja ainda mais significativo, a esse respeito, o fato de Foucault dizer, no prefácio, que a *História da loucura* é uma história dos limites, história trágica de como uma cultura rejeita a loucura, considerando-a exterior, reduzindo-a ao silêncio, a um espaço de murmúrios, a uma ausência de obra.

Partindo da idéia de que toda cultura institui limites ou de que excluir, proibir é uma estrutura fundamental de toda cultura, *História da loucura* estuda um desses limites: a separação radical entre razão e desrazão. Foi o que vimos. Correlativamente, a reflexão de Foucault sobre a literatura, ou o seu trabalho com a literatura, estabelecendo sua relação com a loucura, complementa a análise arqueológica no sentido em que é na experiência literária que o jogo do limite e da transgressão, existente na experiência da loucura, aparece com mais vivacidade como possibilidade de contestação da cultura.[73] Neste sentido, se a razão se constitui pela exclusão da loucura como alteridade, a abertura indefinida da literatura em direção à loucura é a tentativa de transgredir, de ultrapassar as fronteiras entre a loucura e a razão, reinstaurando a linguagem comum entre as duas, o diálogo rompido entre elas, e expressando no limite do possível, ou no extremo limite, uma experiência trágica do mundo e do homem.

---

71 HF, p.408 e 556.

72 DE, I, p.234.

73 "Débat sur la poésie", in DE, I, p.398.

Que não se pense, portanto, que se pode dar conta do projeto filosófico de Foucault nesse momento sem privilegiar a noção nietzschiana de experiência trágica. Procurei mostrar isso por sua análise crítica da constituição da psicologia da loucura. Procurarei mostrá-lo agora pela relação que ele estabelece, na mesma época, entre loucura e linguagem literária, onde, complementando a análise arqueológica que evidenciou que a loucura foi excluída socialmente e objetivada teoricamente, jamais tendo se manifestado por si mesma e com sua própria linguagem, a não ser em criadores trágicos do porte de Goya, Nietzsche, Van Gogh, Nerval, Hölderlin, Artaud etc., Foucault enaltece na literatura seu parentesco com a voz do louco que o saber racional considerou ausência de obra, desclassificando seus poderes de experiência originária e verdade fundamental.

Essa relação aparece tematizada, em primeiro lugar, no próprio livro, quando, como sempre, o Foucault arqueólogo pensa a loucura em sua relação com a arte e a literatura demarcando três épocas históricas. No Renascimento, a loucura tinha uma positividade artística, no sentido em que o louco era alguém que via o que os outros personagens não viam, como lady Macbeth, na tragédia de Shakespeare, que tem o poder de revelar a verdade quando se torna louca. Ao retomar quinze anos depois as análises de *História da loucura*, em conferência no Japão,[74] Foucault enfatiza que o Renascimento também faz do louco objeto de exclusão com relação às regras da linguagem, ou do discurso, como ele prefere dizer na época. Então, lembrando a posição privilegiada que ocupa o louco na cena teatral, por dizer a verdade, por ver melhor do que os não-loucos, Foucault salienta que ele jamais é escutado, que só se percebe que ele disse a verdade depois que a peça acabou. Uma afirmação como essa está em continuidade com a tese de *História da loucura*, que vê na literatura renascentista uma forma incipiente de controle da razão. Mas é importante assinalar que Shakespeare e Cervantes aparecem no livro como exceção, no sentido em que neles a loucura ocupa um lugar extremo, é sem recurso, não pode ser recuperada pela verdade ou pela razão.

---

74 "La folie et la societé", in DE, I, p.489.

Na época clássica, no momento em que o poder de revelação da loucura é aniquilado pelo "grande enclausuramento", a figura do louco torna-se derrisória, mentirosa, desaparecendo como personagem teatral. "Na época clássica, o homem de tragédia e o homem de loucura se defrontam sem diálogo possível, sem linguagem comum, pois um só sabe pronunciar as palavras decisivas do ser, onde se encontram, por um breve instante, a verdade da luz e a profundidade da noite, enquanto o outro repete o murmúrio indiferente onde vêm se anular as conversas do dia e a sombra mentirosa."[75] Não existe, na época clássica, literatura de loucura, pois não existe possibilidade de a loucura se manifestar como linguagem autônoma, possibilidade de ela expressar a si própria em uma linguagem verdadeira: "Descartes, no movimento pelo qual vai à verdade, torna impossível o lirismo da desrazão."[76]

Na modernidade, como que retomando a positividade do Renascimento, a literatura, com Nerval, Roussel, Hölderlin, Artaud etc., palavra marginal que mina as outras formas de linguagem, dá à experiência da loucura uma profundidade e um poder de revelação que o classicismo tinha negado, mostrando que a verdadeira experiência literária implica que se afronte o risco da loucura, que se seja retemperado pelas palavras de loucura. E, para marcar o momento preciso desse reaparecimento da loucura no domínio da linguagem literária, enunciando uma relação essencial entre loucura e verdade, Foucault chama a atenção para a importância de *O sobrinho de Rameau*, de Diderot, por considerar que esse personagem composto "de bom senso e de desrazão", como diz o próprio autor, anuncia, já em meados do século XVIII, as formas modernas de desrazão, como as de Nerval, Nietzsche e Artaud, que têm como marco decisivo seu surgimento, como linguagem e como desejo, na obra de Sade. Fundamentalmente, Foucault vê no sobrinho de Rameau, e sua "lição bem mais anticartesiana do que todo Locke, todo Voltaire ou todo Hume", o início do fim de uma atitude cartesiana a respeito da loucura. E com isso ele quer dizer que, enquanto Descartes, no processo da dúvida, tomava consciência de que não podia ser louco porque

75 HF, p.264.
76 HF, p.535.

pensava, o sobrinho sabe, mesmo que de modo ainda não muito profundo, que é louco,[77], abrindo o espaço do não-cartesianismo do pensamento moderno, que será ocupado cinqüenta anos depois pela literatura — a qual Foucault tenderá a considerar cada vez com mais clareza uma manifestação tipicamente moderna da linguagem. Vejamos como isso se dá tanto no livro sobre a loucura quanto nos textos dessa época sobre literatura.

A relação da literatura moderna com a loucura parte, na *História da loucura*, da oposição entre a loucura e a obra, expressa no livro por fórmulas como: "a loucura é ausência de obra", "a loucura é absoluta ruptura da obra", "onde há obra não há loucura". No nível mais elementar, afirmações como estas significam que Foucault jamais procurou explicar uma obra — como as de Nietzsche, Nerval, Roussel, Artaud — pela loucura de seu autor. Como se sabe, o autor não tem privilégio em sua *démarche* como princípio de explicação, até mesmo em um livro incomum em sua obra como *Raymond Roussel*. Não o vemos, efetivamente, reafirmar, em um artigo de 64 sobre a reedição da obra de Roussel, que saber que ele era louco não faz avançar em nada a compreensão de sua obra?[78] Deste modo, é sintomático dessa postura ele descartar, no artigo sobre a interpretação que Laplanche dá de Hölderlin, as interpretações psicologizantes do poeta, como a de Jasper, referindo-se à "tagarelice dos psicólogos" e ao "ecletismo sem conceito de uma psicologia clínica".[79]

Considerar a loucura ausência de obra e a obra não-loucura, elidindo a tentativa psicológica de partir da loucura do autor para examinar a obra, significa valorizar o fato de que a loucura foi historicamente instituída como negatividade de sentido, como palavra situada no exterior dos limites definidos pela razão ocidental a partir do classicismo. Definindo a loucura, "em sua forma mais geral, mas a mais concreta", como ausência de obra, desde o prefácio de *História da loucura*, Foucault está procurando escapar de uma perspectiva racional ou, mais precisamente, teórica, como a da psiquiatria ou da psicologia, que, definindo a loucura

---

77 Cf. sobre a leitura do *Sobrinho de Rameau*, HF, p.363-72.
78 "Pourquoi réédite-t-on l'oeuvre de Raymond Roussel?", in DE, I, p.422.
79 "Le 'non' du père", in DE, I, p.191.

como doença, a exclui como outro, situando-a além das fronteiras que essas próprias ciências estabelecem. Está reivindicando uma linguagem que não opte pela razão contra a loucura, mas se situe antes da própria separação entre elas para reinterpretar sua relação a partir de uma experiência trágica, que esta separação mascarou. Está, portanto, denunciando, pelo caráter negativo que foi conferido à loucura, a razão como parcialidade. Como se pode ler no prefácio: "A grande obra da história do mundo está indelevelmente acompanhada de uma ausência de obra, que se renova a cada instante, mas permanece inalterada em seu inevitável vazio ao longo da história".[80] Essa idéia, o ponto de partida de Foucault a respeito da relação entre literatura e loucura, é reafirmada no último item do livro com a precisão de que, mesmo se escritores, pintores ou músicos enlouqueceram, não houve troca ou comunicação entre arte e loucura, consideradas como formas de linguagem. É nesse contexto que a expressão "ausência de obra" é utilizada referindo-se à loucura de Artaud: "A loucura de Artaud não penetra nos interstícios da obra; ela é precisamente a ausência de obra, a presença repetida dessa ausência, seu vazio central experimentado e medido em todas as suas dimensões, que não acabam mais".[81] Mas essa idéia reaparece nos sinônimos "aniquilamento da obra", a respeito do enlouquecimento de Nietzsche, e "incompatibilidade" entre loucura e obra, no caso de Van Gogh. O que leva Foucault concluir: "A loucura é ruptura absoluta da obra: ela forma o momento constitutivo de uma abolição, que funda no tempo a verdade da obra; ela delineia sua margem exterior, sua linha de desmoronamento, seu perfil contra o vazio".[82]

Mas essa oposição entre obra e loucura, exposta assim em termos tão gerais, é apenas o primeiro momento da argumentação de Foucault. Mais importante nessa relação, embora quase não seja explicitado no livro, é que se trata de uma oposição ou de um confronto de linguagens. Mesmo não sendo obra, a loucura é linguagem, um tipo de linguagem, o que permite situar nesse campo sua relação com a obra. É nesse sentido por exemplo que,

---

80 DE, I, p.163.
81 HF, p.555.
82 HF, p.556.

a meu ver, deve ser interpretada a interrogação de *Raymond Roussel:* "A linguagem não é, entre a loucura e a obra, o lugar vazio e pleno, invisível e inevitável, de sua mútua exclusão?."[83] Valorizando nesta frase os termos "vazio" e "pleno", pode-se compreender a oposição dizendo que, enquanto a obra é uma linguagem da razão, plena de sentido, que obedece a um código, como Foucault explicitará poucos anos depois em "A loucura, a ausência de obra", a loucura é insensatez, desrazão, não-sentido, vazio de sentido, linguagem que transgride as leis da linguagem, a ponto de ser considerada não-linguagem, ou, para empregar termos que acompanharão toda a reflexão de Foucault sobre a linguagem, é "murmúrio", "ruído", "rumor",[84] termos que têm origem inegável em Blanchot.[85]

É essa concepção da loucura como linguagem ou, mais precisamente, como linguagem que transgride as leis da linguagem, que é signo vazio, sem sentido, sem fundamento, que permite a Foucault, para além de toda oposição, aproximar obra e loucura. A idéia é que assim como a loucura rompe com os limites instaurados pela razão, situa-se do outro lado da separação, a obra literária moderna põe em questão o limite a que ela é impelida a obedecer pelo fato de ser obra, de ser obra de razão. Vê-se como o elemento a partir do qual é estabelecida a relação entre a obra e a loucura é o limite. A questão da literatura moderna — que é essencialmente uma questão de linguagem — é de como ultrapassar, transgredir, contestar o limite da obra, da razão, do sentido. A experiência literária da linguagem, se é uma experiência trágica, radical, é transgressora com relação à obra: subverte, contesta, ameaça a obra, fazendo-a ir além dos limites estabelecidos. Mas, por outro lado, não pode deixar de ser obra. Daí o estatuto paradoxal da obra literária moderna: ela é obra que põe em questão seus limites como obra, que enuncia sua própria impossibilidade, que nega a idéia de obra; é uma experiência negativa, uma experiência de negação, que, ao mesmo tempo, é sua própria realização como obra. Um trecho da *História da loucura* sobre

---

83 RR, p.205.

84 Cf. DE, I, p.163, 164.

85 Sobre o murmúrio em Blanchot, cf., por exemplo, *Le livre à venir*, p.318-23.

Artaud é bem elucidativo dessa postura de Foucault: "A obra de Artaud experimenta na loucura sua própria ausência, mas essa experiência, a coragem recomeçada dessa experiência, todas essas palavras jogadas contra uma ausência fundamental de linguagem, todo esse espaço de sofrimento físico e de terror que cerca o vazio ou, antes, coincide com ele, eis a própria obra: o escarpamento sobre o abismo da ausência de obra."[86] E essa "angústia" da linguagem, paradoxo constitutivo da obra de Artaud, é lembrada por Foucault em uma das páginas finais do *Raymond Roussel:* "É também desse vazio que Artaud queria se aproximar, em sua obra, mas da qual ele não cessava de ser afastado: afastado por ele de sua obra, mas também dele por sua obra; e para essa ruína medular, ele lançava sem parar sua linguagem, aprofundando uma obra que é ausência de obra".[87] Blanchot dizia que Artaud escreve expondo-se ao nada e procurando expressá-lo.[88]

Pensando a loucura como ausência de obra, Foucault vê um parentesco, uma semelhança, entre ela e a experiência literária: ambas são ruína, derrocada, desmoronamento da linguagem. Mas há uma grande diferença entre as duas, que ele nunca subestimou: a loucura é desmoronamento total, ruptura absoluta, ao passo que a linguagem literária é a construção desse desmoronamento, na medida em que, ao mesmo tempo que força o rompimento com a obra, só existe como obra, se apresenta necessariamente como obra. Uma experiência radical, experiência trágica, da linguagem literária liga a obra ao outro que não a obra, à ausência de obra, expressando o desejo de aniquilamento, de ruína, de desmoronamento da obra, mas, paradoxalmente, pela realização da obra. O que me faz pensar em Maurice Blanchot, quando diz em *O espaço literário* que a obra "designa uma região onde a impossibilidade não é mais provação, mas afirmação" e que o impossível é o que a obra deseja quando ela se preocupa com sua origem.[89] Mas também em uma observação que Jung fez a Joyce. Conta o escritor argentino Ricardo Piglia em uma conferência que, quando estava

---

86 HF, p.556.
87 RR, p.207.
88 *Le livre à venir*, p.60.
89 *L'espace littéraire*, p.300 e 320.

escrevendo *Finnegan's Wake*, e morava na Suíça, Joyce resolveu consultar Jung sobre sua filha, considerada psicótica. Mostrou na ocasião a Jung, que havia escrito um artigo sobre *Ulisses*, os textos da filha que ele incentivara a escrever, dizendo que o que ela escrevia era a mesma coisa que ele próprio escrevia, um texto fragmentado, onirizado, marcado pela dispersão. Ao que Jung teria respondido, a meu ver bem na linha do que está sendo dito sobre a relação entre literatura e loucura: "Só que onde o senhor nada, ela se afoga."[90] No espaço da literatura não há ruptura absoluta, transgressão de uma vez por todas. Toda transgressão literária, considerada como autotransgressão, transgressão permanentemente repetida, sentido que já lhe davam Bataille e Blanchot, institui também, e ao mesmo tempo, um novo limite. O que se poderia chamar de enlouquecimento da linguagem literária, neste sentido de abertura da obra para a loucura, leva a obra a seu extremo limite como obra, é uma experiência-limite. Em suma, enquanto os saberes racionais excluem, desclassificam, rejeitam a loucura como ausência de obra, como margem exterior dos limites que a razão historicamente institui, a literatura, ao questionar a obra como obra e procurar expressar a ausência de obra, acolhe o outro da razão em sua experiência-limite, nesse "escarpamento sobre o abismo da ausência de obra", que pretende se situar aquém da separação entre razão e loucura.

Maurice Blanchot, aliás, captou muito bem esse paradoxo da obra formulado por Foucault, ou dessas obras "sombrias", como ele chama, que se denunciam como impossibilidade de loucura, ao afirmar em sua resenha de *História da loucura*: "A 'loucura' é ausência de obra e o artista, o homem destinado por excelência à obra, mas ele é também aquele que está empenhado em experimentar o que sempre de antemão arruína a obra e sempre a atrai para a profundidade vazia da 'inoperância', onde do ser nada se faz."[91] E, ao remeter, em nota a essa resenha, a "ausência de obra" de Foucault a essa categoria de 'inoperância', já exposta por ele

---

90 A transcrição da conferência de Piglia patrocinada pela Associação Psicanalítica Argentina em 7 de julho de 1997 foi publicada pela *Folha de S. Paulo* de 21 de junho de 1998.

91 *L'entretien infini*, p.297.

em *O espaço literário*[92] e explicitada no último texto de *A conversa infinita*, "A ausência de livro", penso que ele está ao mesmo tempo indicando uma das origens dessa idéia de Foucault.

Uma das origens, porque me parece que a idéia de uma experiência radical da linguagem considerada como experiência do limite e da transgressão, que Foucault compartilha com Blanchot e Bataille, por exemplo, tem como principal inspiração a concepção nietzschiana da experiência trágica característica da tragédia grega, tal como é exposta em *Nascimento da tragédia*. Minha hipótese a esse respeito é que Foucault pensa a relação entre literatura e loucura a partir da tragédia concebida como retomada ou apropriação apolínea do culto dionisíaco, como a transformação, a transfiguração de um fenômeno dionisíaco puro, selvagem, bárbaro, titânico, em uma arte trágica, apolíneo-dionisíaca, que realiza a "união conjugal" das duas pulsões estéticas da natureza. Dito de outro modo, e através de uma analogia: a literatura, em Foucault, está para a loucura, assim como a tragédia, em Nietzsche, está para o culto dionisíaco. Não será por isso que o prefácio de *História da loucura* se refere a uma "loucura em estado selvagem" e a "imagens que nunca foram poesia"?[93]

Essa analogia se presta ainda a introduzir uma terceira característica da relação entre literatura e loucura, além da oposição entre obra e ausência de obra e da aproximação das duas como tipos de linguagem. Trata-se da loucura como verdade da obra. Isto é, enquanto para a psiquiatria a verdade da loucura considerada como doença mental é a razão do homem,[94] para a literatura, tal como a pensa nesse momento Foucault, a loucura como experiência trágica é a verdade da obra. E também a esse respeito a presença do jovem Nietzsche é marcante, pois assim como, no *Nascimento da tragédia*, Nietzsche pensa o dionisíaco como verdade do mundo, verdade que só pode ser expressa apolineamente, pela arte trágica, que é, por conseguinte, a única via de acesso a essa verdade, para Foucault, a obra provém da loucura, da ausência

---

92 Cf. o item "A profundidade da inoperância (*desoeuvrement*)", do texto "A experiência de Mallarmé".
93 DE, I, p.164.
94 HF, p.496.

de obra da não-razão, do não-sentido considerado como verdade trágica, como "verdade abaixo de toda verdade".[95] A loucura funda, inaugura, o tempo da verdade da obra, diz ele duas vezes no final do livro, de modo aliás bem enigmático.[96] Mas que pode ser melhor entendido por um trecho do prefácio que, como nenhum outro do livro, explicita essa idéia importante: "A história só é possível tendo como fundo uma ausência de história, no meio do grande espaço de murmúrios, que o silêncio espreita, como sua vocação e sua verdade ... A plenitude da história só é possível no espaço, ao mesmo tempo vazio e povoado, de todas as palavras sem linguagem que permitem, a quem presta atenção, ouvir um ruído surdo abaixo da história, o murmúrio obstinado de uma linguagem que falaria *sozinha* ... Raiz calcinada do sentido."[97] O tempo trágico, anterior à separação entre a obra e a ausência de obra, é condição de possibilidade da própria história. Creio, inclusive, ser possível dizer que, assim como, na esteira de Canguilhem, Foucault pensa o patológico, no caso da constituição das ciências da vida e do homem, como condição do normal, no caso da literatura, ele pensa a loucura como condição da obra, o não-sentido, o vazio de sentido como condição do sentido.

Paralelamente a seu primeiro grande livro, Foucault também pensa a loucura, especificamente em relação à linguagem literária, em vários ditos e escritos dessa época, como a "Introdução" a *Rousseau juiz de Jean-Jacques. Diálogos*, "O 'não' do pai", ambos de 62, e principalmente "A loucura, a ausência de obra", de 64.

A "Introdução" ao livro de Rousseau, primeira referência explícita de Foucault à linguagem literária como transgressiva, retoma, em seu último item, a idéia de *História da loucura* a respeito da incompatibilidade entre obra e loucura, reafirmando que não só a obra é não-loucura como a loucura é impossibilidade de produção da obra. Mas não só isso. Ela também segue a tese apresentada no livro da não incompatibilidade entre loucura e linguagem, ao dizer que, mesmo se a obra não pode ter seu lugar no delírio, a

95 HF, p.536.
96 HF, p.556, 557.
97 DE, I, p.163.

linguagem pode ser delirante. E ainda mais, porque esse curto trecho, em forma de diálogo, como Foucault ousou algumas vezes em seus escritos, também considera essa linguagem aquém da obra, que é pura transgressão, como aquilo que torna a própria obra possível, aquilo a partir do que ela fala.[98] Como se vê, a continuidade entre os dois textos, tão próximos no tempo, é total.

O artigo sobre Hölderlin retoma o confronto entre obra e loucura, pensada desta vez como "outro que não a obra", expressão que não coloca nenhum problema especial, pois parece ter o mesmo significado que ausência de obra. Uma das singularidades desse texto é ele situar essa relação em termos históricos, atitude que vai se impor cada vez mais a Foucault em sua reflexão sobre a literatura. Nesse momento, a comparação, que estabelece uma ruptura na maneira como se dá a relação entre obra e loucura, é entre o Renascimento e a modernidade, ou especificamente Vasari e Hölderlin. No Renascimento existe uma unidade ou uma aliança entre a obra e o outro que não a obra. Tomando como exemplo *As vidas dos melhores pintores, escultores e arquitetos italianos*, de Vasari, que dá uma visão épica do artista, no sentido em que o heróico agora diz respeito não mais aos personagens da epopéia e sim a quem representa o herói, Foucault vê o surgimento da possibilidade de "dissociações" do herói — o "herói perdido", "alienado", "não reconhecido" — que dizem respeito à obra e ao outro que não a obra, permitindo pensar a loucura do artista como o que o identifica a sua obra e, ao mesmo tempo, o situa no exterior dela.[99] O que o leva à conclusão de que se trata de "uma relação subterrânea em que a obra e o que ela não é formulam a exterioridade entre elas na linguagem de uma interioridade sombria".[100] A essa idéia, Foucault opõe a modernidade, ou mais especificamente a figura de Hölderlin, para quem "a obra e o outro que não a obra só falam da mesma coisa e na mesma linguagem a partir do limite da obra",[101] limite sem o qual não há obra, mas que a própria linguagem da obra, se é radical, deve ultrapassar.

98 Cf. DE, I, p.187-8.
99 "Le 'non' du père", in DE, I, p192-5.
100 DE, I, p.194.
101 DE, I, p.198.

Eis a idéia central desses textos a respeito da relação entre literatura e loucura na modernidade. A experiência literária da loucura considerada como "perpétua ruptura"[102] leva a linguagem a seu limite, no sentido de libertar o âmago da linguagem como espaço neutro, vazio, ausência de sentido que torna o sentido possível, ausência de linguagem que torna a linguagem possível; como um "lugar sem lugar",[103] que põe o homem o mais perto possível do que está mais longe dele, levando-o para além dos seus limites. Nesse nível, dizer que a loucura é a ausência de obra, ou o outro que não a obra, quer dizer que a loucura designa a forma vazia de onde a obra deriva, que as palavras do louco apresentam um vazio de sentido, são um signo vazio, sem fundamento, que é condição do próprio sentido, condição da própria obra. Abrindo-se para a loucura, falando em direção à ausência de obra, a obra literária revela, nesse limite extremo, o que nenhuma linguagem, sem essa experiência abissal, poderia dizer,[104] possibilitando que a loucura, ausência de obra, impossibilidade de obra, espaço de silêncio, forma muda, perdição da linguagem, palavra sem linguagem, tenha sua presença preservada na literatura, ou melhor, numa literatura que, a partir do limite da obra, da linha onde a loucura é perpétua ruptura, fala da obra e do outro que não a obra, estabelecendo e ultrapassando seu limite.[105] Se, como diz o livro sobre Raymond Roussel, entre a loucura e a obra, a linguagem é o lugar vazio e pleno de sua mútua exclusão, é a linguagem que transgride os limites da razão que permite construir uma obra que é, ao mesmo tempo, ausência de obra.

Assim, o que interessa a Foucault na literatura moderna é o esforço de selar uma aliança, de dar unidade, de encontrar um espaço comum entre a linguagem e a loucura, entre a obra e a ausência de obra, lugar onde a loucura apareça não como negatividade de linguagem, mas como revelação de sua própria essência, de sua passagem ao limite. O que atrai Foucault na relação literatura-loucura é a possibilidade de uma experiência trágica da

---

102 "Le 'non' du père", in DE, I, p.202.
103 "La pensée du dehors", in DE, I, p.537.
104 "Le 'non' du père", in DE, I, p.192.
105 "Le 'non' du père", in DE, I, p.198.

linguagem, experiência radical da linguagem, que, ao invés de subordinar a loucura à linguagem racional, como faz o saber de tipo psiquiátrico ou psicológico, enuncia seu próprio desmoronamento, seu desastre, sua derrocada, sua ruína, ao fazer a palavra literária comprometer, transgredir, subverter os códigos instituídos da língua. Idéia que nos encaminha para um texto rico de ensinamentos não só para o esclarecimento desse tema específico de sua pesquisa, sobretudo no que diz respeito às questões da psicanálise e da linguagem, como para uma melhor compreensão de algumas hipóteses metodológicas que orientam minha própria pesquisa sobre filosofia e literatura na obra de Michel Foucault: "A loucura, a ausência de obra".

Partindo da explicitação da idéia contida na *História da loucura* de que a loucura é a face visível de uma forma mais geral de transgressão que diz respeito às proibições de linguagem, uma das novidades desse texto é a importância concedida à psicanálise como marco de uma nova concepção da loucura. Neste sentido, ele esboça uma história da loucura, desde o classicismo até o século XX, que, a partir de sua caracterização como linguagem excluída, propõe Freud e a psicanálise como a grande ruptura. Na época do grande enclausuramento clássico, a loucura passa a ser vista, com as outras formas de desrazão, como linguagem excluída, proibida, transgressiva, em três sentidos diferentes muito próximos: fala sem significação em relação ao código da língua, como no caso dos "insensatos", "imbecis" e "dementes"; fala blasfematória, com os "violentos" e "furiosos"; finalmente, fala de significação proibida, como acontece com os "libertinos" e "teimosos". E Foucault é bem claro ao considerar que a psiquiatria moderna, e sua concepção da doença mental, não introduz nenhuma modificação importante, a não ser o aprofundamento dessa idéia da loucura como palavra proibida nos três sentidos acima. A ruptura vem quando, com Freud, a loucura se torna uma nova forma de proibição de linguagem, nova forma de transgressão. Não mais algo que diz respeito a erro de linguagem, a palavras ou expressões proibidas ou a significação intolerável. A loucura agora é forma transgressiva no que diz respeito ao próprio jogo que ela, como "linguagem estruturalmente esotérica", estabelece entre a fala e o código. E com isso ele está querendo assinalar que ela é uma fala que se dobra sobre si própria, dizendo, abaixo do que ela diz, outra coisa, da qual ela é, ao mesmo tempo, o único código possível. Ou seja, ela é uma linguagem que se auto-implica, no sentido em que detém seu próprio código lingüístico no interior de uma fala que fundamentalmente diz essa implicação. Daí sua conclusão de ser ela uma linguagem vazia, uma matriz da linguagem que não diz nada, uma dobra do falado que é uma ausência de obra, uma auto-implicação onde nada é dito, mas que, por isso mesmo, é uma reserva de sentido que possibilita que vários sentidos venham aí se alojar.

Ora, nesse artigo, e diferentemente do que era dito na *História da loucura*, a vizinhança da loucura e da literatura não mais existe porque a loucura é experiência trágica reprimida pelo saber racional. Nesse momento de sua trajetória, Foucault já não pensa a loucura a partir da experiência trágica. O que conta para ele nesse texto de 64 para definir a relação entre loucura e literatura é a descoberta — pela psicanálise — da loucura como um tipo específico de linguagem: uma linguagem que se cala na superposição a ela mesma, como uma forma vazia, que, ao mesmo tempo que é incompatível com a obra, é aquilo de onde a obra vem. Como então se dá sua relação com a literatura? A esse respeito intervém no texto uma segunda modificação. A literatura moderna — e, para ressaltar a contemporaneidade com Freud, Foucault dirá: a literatura a partir de Mallarmé —[106] é agora vista por ele, não propriamente como expressão de uma experiência trágica, mas como um tipo específico de linguagem: uma linguagem que, não procurando se adequar a um código, mas escapando do código, comprometendo o código, a estrutura, a lógica da língua — como ele diz, no mesmo ano, na conferência de Saint-Louis, "Linguagem e literatura" —, enuncia a própria língua que a torna decifrável como fala; ou, dito de outro modo, é uma fala que inscreve nela seu próprio princípio de decifração. O que seduz agora Foucault na literatura é o esoterismo estrutural da linguagem, que ele encontra na concepção psicanalítica da loucura, esoterismo que "consiste em submeter uma palavra, aparentemente conforme ao código reconhecido, a um outro código cuja chave é dada nessa própria palavra; de modo que esta se desdobra no seu próprio

---

106 DE, I, p.418.

interior: ela diz o que diz, mas acrescenta um suplemento mudo que enuncia silenciosamente o que a linguagem diz e o código segundo o qual o diz".[107] Daí, como a loucura para a psicanálise, a linguagem literária ser uma linguagem vazia ou instaurar um vazio na linguagem. Se a literatura se aproxima da loucura é porque, como esta, sua linguagem é auto-implicação, reduplicação, jogo entre a língua e a fala, e, conseqüentemente, relação com o vazio. Se, pensando nesse momento com categorias expostas e aprofundadas em livros como *Raymond Roussel* e *As palavras e as coisas* — e constituindo-se por isso como um exemplo perfeito do quanto se deve respeitar a época em que seus textos foram escritos — Foucault aproxima a linguagem literária e a loucura é porque agora para ele ambas dizem respeito à mesma auto-referência vazia, ambas são linguagem transgressiva do código da língua, ambas são uma "Dobra inútil e transgressiva" da própria linguagem.[108] O que virá a seguir mostrará claramente como, ainda pensando a loucura, seu primeiro interesse ao refletir sobre a literatura, esse texto se insere perfeitamente no enfoque que será dado a essa reflexão nos dois livros seguintes à *História da loucura*, época em que o texto, para ser lido, deve ser situado.

Antes disso, duas observações, ou melhor, dois elogios, para concluir esse capítulo. Foi uma grande ousadia de Foucault, na *História da loucura*, utilizar um método arqueológico, por ele criado a partir principalmente da epistemologia, para negar a existência de uma verdade psicológica da loucura, como pensa a modernidade, mostrando que a história da loucura não é o itinerário progressivo da inteligência para a verdade; mas, ao contrário, a história de uma grande mentira. "E é exatamente aí que nasce a psicologia — não como verdade da loucura, mas como indício de que a loucura é agora isolada de sua verdade...."[109]

Mas ousadia maior foi pensar, prolongando a grande suspeita de Nietzsche com relação à razão, que a loucura tem uma verdade essencial, fundamental, que foi progressivamente integrada à or-

107 In DE, I, p.416.
108 HF, p.581.
109 HF, p.360.

dem da razão, mas que, não tendo sido inteiramente destruída, vela silenciosa, quando não se manifesta na fulguração de obras poéticas ou filosóficas como as de Hölderlin, Roussel, Nerval, Artaud ou de Nietzsche; obras capazes de resistir, com sua força desmesurada, ao gigantesco aprisionamento moral que constitui o monopólio da razão sobre a loucura.[110] E esse papel positivo que, ao lado de Nietzsche, desempenha a literatura aparece explicitado na primeira entrevista de Foucault, logo depois da publicação da *História da loucura*, em 1961, quando, ao ser perguntado sobre influências, e responder que foram sobretudo as obras literárias, dando como exemplos Blanchot e Roussel, esclarece que aquilo que o interessou e guiou foi "uma certa forma de presença da loucura na literatura".[111]

Retomando, em seu primeiro grande livro, a "experiência trágica" nietzschiana, pensada em aliança com a experiência literária moderna, como uma forma de calar a psicologia positivista e dar positividade a uma relação não-psicológica, porque não moralizável, da razão com a loucura, Foucault iniciava uma investigação que, de diferentes modos, teve sempre um objetivo principal: fazer o homem moderno despertar, transfigurado, de seu sonho antropológico.

110 Cf. HF, p.530.
111 "La folie n'existe que dans une société", in DE, I, p.168.

A morte

No momento em que escreve e publica o *Nascimento da clínica*, livro que, modificando parcialmente os princípios metodológicos da análise, dá continuidade às pesquisas iniciadas com a *História da loucura*, ao deslocar seu interesse temático da psiquiatria para a medicina, Foucault acrescenta ao tema da relação entre a literatura e a loucura a reflexão sobre a literatura e a morte.

Abandonando a distinção metodológica, inspirada na fenomenologia, entre percepção e conhecimento, que estruturava a *História da loucura*, o *Nascimento da clínica* estuda o conhecimento médico a partir dos dois elementos, dos dois aspectos, dos dois níveis, diferentes mas intrinsecamente relacionados, que na época Foucault considera como constituindo-o: o olhar e a linguagem, o modo de ver e o modo de dizer, a "espacialização" e a "verbalização" do patológico. Instrumentalizado com essa noção de conhecimento, o principal objetivo do livro é dar conta da ruptura arqueológica entre a medicina clássica dos séculos XVII e XVIII e a medicina moderna a partir de Bichat e Broussais como uma mutação, uma mudança de estrutura, uma reorganização formal e profunda que acarretará a emergência tanto de um novo tipo de olhar e de um novo tipo de linguagem quanto de uma nova articulação entre eles. O resultado dessa mutação, cuja ambição do livro é estabelecer as condições de possibilidade, é a anátomo-clínica moderna considerada como conhecimento singular do indivíduo doente, primeiro tipo de conhecimento racional, científico, sobre o indivíduo, primeiro conhecimento objetivo sobre o sujeito.

A medicina clássica é uma medicina taxonômica, classificatória, que, privilegiando os sintomas e o olhar de superfície, considera as doenças essências abstratas, entidades mórbidas gerais, e as define por sua estrutura visível, seguindo o modelo da história natural e seu projeto de classificação sistemática em gênero e espécie das plantas e dos animais. Guiada pelos sintomas, identificados ao ser das doenças, a medicina classificatória, abstraindo o doente, estabelece a essência de cada doença, situando-a em um quadro nosográfico de parentescos mórbidos que fixa o seu lugar na ordem ideal das espécies. A realidade da doença encontra-se, assim, no espaço da nosografia e não propriamente no corpo doente, o que, do ponto de vista do conhecimento, subordina o ver ao dizer, o olhar à linguagem.

A medicina clínica moderna, fundada na anatomia patológica, que para distinguir da clínica do século XVIII Foucault chama de anátomo-clínica, é aquela para a qual o ser da doença desaparece como entidade independente, dando lugar, como objeto do conhecimento médico, ao corpo doente individual, definido, com Bichat, pelos tecidos ou pelas individualidades tissulares que são as membranas. A especificidade da anátomo-clínica é relacionar os sintomas e os tecidos, devendo para isso penetrar verticalmente no volume constituído pelo corpo doente e determinar a lesão tissular capaz de explicar os sintomas. As doenças são agora não mais entidades ideais, nosográficas, mas reais, corporais, orgânicas, que se organizam em classes a partir dos tipos de tecidos. O fenômeno patológico, que era, na época clássica, uma espécie natural ideal, analisada a partir do modelo botânico ou zoológico, torna-se, com a anátomo-clínica, e seu modelo biológico, uma realidade articulada com a vida, que é vida. "De Sydenham a Pinel, a doença se originava e se configurava em uma estrutura geral de racionalidade em que se tratava da *natureza* e da ordem das coisas. A partir de Bichat, o fenômeno patológico é percebido tendo a *vida* como pano de fundo, ligando-se, assim, às formas concretas e obrigatórias que ela toma em uma individualidade orgânica."[1]

Dupla mutação, portanto: mutação de um olhar de superfície deliberadamente limitado à visibilidade dos sintomas a um olhar de profundidade que penetra no espaço volumoso do organismo em busca da lesão oculta; mutação, correlata, da linguagem médica,

---

1 NC, p.156.

cujo privilégio, na época clássica, fazia da doença um espaço racional, essencial, ideal, nosográfico, e cuja subordinação ao olhar, na modernidade, destrói a idealidade do conhecimento médico, tornando-o empírico, positivo. Deste modo, o *Nascimento da clínica* estuda a passagem de um espaço ideal, superficial, de representação, de configuração da doença, a um espaço real, profundo, objetivo, sólido, corpóreo, de localização da doença, que se deu no conhecimento médico entre o final do século XVIII e o início do XIX.

O nascimento da clínica, antecipando nisso uma idéia que será exaustivamente desenvolvida em *As palavras e as coisas*, e se expressará nesse livro pelo termo *episteme*, já relaciona as ciências empíricas, como ele as denominará, com a concepção filosófica do conhecimento para evidenciar toda extensão da ruptura entre os períodos clássico e moderno que dá origem ao conhecimento empírico. Como se pode ver por esse trecho do seu prefácio: "Para Descartes e Malebranche, ver era perceber ...; mas se tratava de, sem despojar a percepção de seu corpo sensível, torná-la transparente para o exercício do espírito: a luz, anterior a todo olhar, era o elemento da idealidade ... No final do século XVIII, ver consiste em deixar a experiência em sua maior opacidade corpórea; o sólido, o obscuro, a densidade das coisas encerradas em si próprias têm poderes de verdade que não provêm da luz, mas da lentidão do olhar que os percorre, contorna e, pouco a pouco, os penetra, conferindo-lhes apenas sua própria clareza."[2] O curioso inclusive é que, enquanto o corpo do livro se mantém inteiramente absorvido no estudo da história da medicina, o prefácio e a conclusão estendem metodológica e tematicamente os limites da análise, com indicações breves, mas importantes sobre as relações entre a medicina, a filosofia e a literatura. Veremos isso depois. Antes é preciso ressaltar a conseqüência dessa ruptura arqueológica que é, se ouso dizer, a condição de possibilidade dessa relação entre esses diversos saberes esboçada no livro por Foucault.

É que, quando a doença deixa de ser fundamentalmente uma entidade nosográfica e identifica-se à singularidade do organismo doente, tornando-se forma patológica da vida, desvio interno da vida, vida patológica, ela aparece ao médico a partir da visibilidade

---

2 NC, p.IX-X.

e da legibilidade da morte. "A vida é o conjunto das funções que resistem à morte." Esse início das *Investigações fisiológicas sobre a vida e a morte,* livro de Bichat publicado em 1800, inaugura um novo tipo de saber no que diz respeito à fisiologia, à patologia, à medicina, para o qual a luz da morte passa a iluminar o conhecimento, passa a dar acesso à verdade da vida e da doença. Em seu livro sobre Foucault, Deleuze apresenta as três grandes novidades através das quais Bichat rompe com a concepção clássica da morte: "colocar a morte como coextensiva da vida, fazer dela o resultado de mortes paralelas e, sobretudo, tomar como modelo a 'morte violenta' em vez da 'morte natural'. O livro de Bichat é o primeiro ato de uma concepção moderna da morte".[3] Fazendo do conhecimento da morte a base do conhecimento da vida e da doença, Bichat desclassifica as anotações dos médicos ao leito dos doentes, convidando-os, ao invés de colecionarem sintomas, a abrirem alguns cadáveres. É que a morte, considerada como uma série de processos ou de mecanismos, múltiplos no espaço e dispersos no tempo, que não se identificam nem com os processos e mecanismos da vida nem com os da doença, é capaz de esclarecer os fenômenos orgânicos e suas perturbações. É o espaço discursivo do cadáver, considerado como interior desvelado, que agora faz ver a doença, é a clareza da morte que dissipa a noite viva da doença, permitindo o conhecimento das formas e das etapas das doenças. "Foi quando a morte se integrou epistemologicamente à experiência médica que a doença pôde se destacar da contranatureza e *ganhar corpo* no *corpo vivo* dos indivíduos."[4] A medicina moderna, no sentido de medicina anátomo-clínica, estrutura onde se articulam o espaço, a linguagem e a morte, data do aparecimento da morte como condição de possibilidade do conhecimento da vida e da doença, dos fenômenos orgânicos e de suas perturbações. No triângulo formado pela vida, pela doença e pela morte, é a morte que ocupa o vértice superior. "É do alto da morte que se pode ver e analisar as dependências orgânicas e as seqüências patológicas."[5] Se a "morte de Deus" torna possível o aparecimento

---

3 *Foucault*, p.138.
4 NC, p.200.
5 NC, p.146.

do homem como objeto e sujeito dos saberes da modernidade, como será explicitado em *As palavras e as coisas,* o que ensina o *Nascimento da clínica* é que a vida do homem se manifesta primeiramente a partir do homem morto, do cadáver, da localização da morte no corpo do homem. Daí a idéia de maior alcance filosófico desse livro por demais conciso: a medicina, ao tornar-se empírica, é um dos primeiros saberes a relacionar o homem com sua finitude originária, com o limite que ele traz em si próprio, assinalando assim a disposição antropológica dos saberes modernos.

É nessa perspectiva que o *Nascimento da clínica* relaciona, em sua conclusão, a experiência médica e a experiência literária, assinalando rapidamente que medicina e literatura evidenciam a irrupção, o aparecimento da finitude dominando a relação do homem com a morte, num caso, através de um discurso científico, no outro, através de uma linguagem que se desdobra indefinidamente no vazio deixado pela ausência dos deuses.[6]

Por um lado, Foucault está se referindo à relação intrínseca entre a primeira ciência em que o indivíduo aparece como objeto de conhecimento e a importância que nela adquire a morte, apresentando o seguinte argumento: "É que o homem ocidental só pôde se constituir a seus próprios olhos como objeto de ciência, só se situou no interior de sua linguagem, e só se atribuiu, nela e por ela, uma existência discursiva por referência à sua própria destruição: da experiência da Desrazão nasceram todas as psicologias e a própria possibilidade da psicologia; da introdução da morte no pensamento médico nasceu uma medicina que se apresenta como ciência do indivíduo".[7]

Por outro lado, com essa referência à finitude e à morte, Foucault está fazendo alusão a Hölderlin, que ele considera, geralmente com Sade, e às vezes com Chateaubriand, um dos fundadores da modernidade. Chateaubriand, escritor obcecado pela morte desde o momento em que começou a escrever, e para quem a palavra que escrevia só tinha sentido na medida em que

---

6 NC, p.202.
7 NC, p.201.

ele estivesse morto, ou que ela se inscrevesse além de sua morte. Com Chateaubriand a literatura se torna passagem para além da morte.[8] Sade — como dirá posteriormente *As palavras e as coisas,* ao estudar Cuvier e o nascimento da biologia e aprofundar a relação entre o aparecimento dos conceitos de vida e de morte na modernidade —, Sade para quem a vida não pode ser separada do assassinato, do mal, da contranatureza. "Que a vida não possa ser separada do assassinato, a natureza do mal, nem os desejos da contranatureza, Sade o anunciava ao século XVIII, cuja linguagem ele esgotava, bem como à idade moderna, que por longo tempo quis condená-lo ao mutismo. Que se desculpe a insolência (para com quem?): *As 120 jornadas* são o reverso aveludado, maravilhoso, das *Lições de anatomia comparada.*"[9] Hölderlin, para quem a morte é a forma mais ameaçadora e mais plena das formas de finitude.[10] O que o Empédocles de Hölderlin assinala poeticamente, ao atirar-se no fogo do Etna, para unir-se ao Um-Todo, como se fosse um deus, é a dissolução da aliança entre os deuses e os homens, é o fim do infinito sobre a terra e o início de um mundo colocado sob o signo da finitude, submetido à lei ou ao reino do limite. A literatura, que Foucault passa a considerar com mais clareza um fenômeno tipicamente moderno, caracterizando-a como repetição infinita, nasce no momento em que Hölderlin percebe que só poderia falar em um espaço marcado pelo afastamento dos deuses e que a linguagem só devia a si mesma poder manter a morte distante.[11]

Essa problemática da morte é relacionada à filosofia e à literatura em alguns ditos e escritos da época. À filosofia, no "Prefácio à transgressão", sobre Bataille, de 63. À literatura, em "Dizer e ver em Raymond Roussel", de 62, e em "A linguagem ao infinito", de 63. Além disso, é de 63, e tem a mesma temática dos artigos dessa

---

8 Cf. a esse respeito "Limguagem e literatura", loc. cit., p.145-6, 149. Em *Le livre à venir,* Blanchot indicava que no início do século XIX Chateaubriand começa a transformar a prosa em arte, acentuando, como Foucault faz nesse momento, que sua linguagem se torna palavra de além-túmulo (cf.p.298).

9 Cf. MC, p.290.

10 Cf. NC, p.200.

11 "Le langage à l'infini", in DE, I, p.255.

época, o único livro de Foucault sobre um literato: Raymond Roussel. É indispensável, portanto, estudá-los para compreender como, segundo Foucault, se entrelaçam, na literatura moderna, o limite da morte, pensada como finitude positiva do homem, e o limite de uma linguagem literária que se experimenta sem referência à Palavra de Deus, no espaço de um desdobramento infinito, ou indefinido.

Assinalei a importância que me parece ter tido Bataille na realização da *História da loucura*. Gostaria de iniciar o estudo desses escritos da época em que a questão da morte e seus correlatos, o limite e a finitude, concentram a atenção de Foucault, analisando a interpretação dada por ele ao conceito de transgressão na obra de Bataille. E para que melhor se compreenda a singularidade da interpretação de Foucault, é interessante expor, antes de tudo, utilizando os próprios livros em que o tema aparece mais explicitamente — *Lascaux ou o nascimento da arte*, *A literatura e o mal*, *O erotismo* e *As lágrimas de Eros*, que é uma história ilustrada do erotismo —, o que Bataille diz a seu respeito.

Em primeiro lugar, limite e transgressão formam um conjunto, são interdependentes, complementares. São opostos, são inconciliáveis, se contradizem, mas nem a transgressão nega definitivamente, suprime, destrói o limite, nem o movimento que há no homem para transgredir, exceder, ultrapassar os limites pode ser totalmente abolido. Todo interdito — que não é imposto de fora, como prova, segundo Bataille, a profunda angústia que sentimos quando o transgredimos — pode ser transgredido, existe mesmo para ser violado. É transgredindo os limites necessários a sua conservação como ser finito — conservação que tem o fim negativo de evitar a morte — que o homem se afirma, querendo ir o mais longe possível, aumentando sua intensidade, o único valor positivo, "para além do Bem e do Mal", como lembra nietzschianamente Bataille.[12] Por outro lado, em geral, porque pode haver exceção, a transgressão, a violação da lei, é limitada, é uma licença relativa, uma desordem organizada, regularizada. Bataille chega mesmo a dizer que, no excesso erótico, nós veneramos a regra que trans-

12 *La littérature et le mal*, in *Oevres complètes*, IX, p.218.

gredimos.[13] Há cumplicidade entre o limite e a transgressão, a lei e a violação da lei.

Em segundo lugar, o jogo do limite e da transgressão se liga aos tempos sagrado e profano, relacionando-os. Bataille os pensa a partir dos conceitos de continuidade e descontinuidade, a meu ver, profundamente inspirados nos conceitos de apolíneo e dionisíaco, que Nietszche liga à individuação e à unidade originária. O tempo profano, o mundo profano é o mundo descontínuo dos interditos, das proibições, fundamentalmente o mundo utilitário do trabalho — que, bem na linha de Hegel, Bataille pensa, juntamente com a consciência ou o medo da morte, como a essência ou o fundamento do ser humano — e da razão, pois o trabalho e sua eficácia produtiva exigem uma conduta racional, consciente, que exclui, por interditos, a violência. Nos interditos, que dizem fundamentalmente respeito à morte ou à sexualidade, é esse aspecto de violência, ou de rejeição da violência, que é valorizado por Bataille. O tempo sagrado, o mundo sagrado é o mundo contínuo — continuidade dada na ultrapassagem dos limites — e improdutivo das festas, que consomem, dilapidam os recursos acumulados pelo trabalho e pela produção e em que a violência, negando, pelo excesso, a regularidade do trabalho, vence a razão. É o mundo das transgressões, da violação, do excesso, da violência que excede, sem destruir, o mundo profano, invertendo seus valores. A transgressão organiza a continuidade, a fusão, nascida da violência. Um exemplo é o interdito do canibalismo, violado religiosamente nas sociedades arcaicas. O sacrifício, momento de paroxismo da festa, do qual as tragédias e as comédias são o prolongamento, é a violação ritual de um interdito. O acesso ao sagrado se dá pela violência de uma infração, pela violação de um interdito, por uma transgressão que dá à festa um aspecto divino. Eis um texto de Bataille esclarecedor do que foi dito até aqui: "A transgressão nada tem a ver com a liberdade primeira da vida animal: ela dá acesso ao além dos limites geralmente observados, mas preserva esses limites. A transgressão excede, sem destruir, um mundo *profano*, do qual ela é o complemento. A sociedade humana não é apenas o mundo do trabalho. Simultaneamente — ou sucessivamente —

---

13 Ibid., IX, p.264.

o mundo profano e o mundo sagrado, que são suas duas formas complementares, a compõem. O mundo sagrado se abre a transgressões limitadas. É o mundo da festa, dos soberanos e dos deuses."[14]

Em terceiro lugar, os conceitos de limite e de transgressão são utilizados por Bataille para pensar o erotismo como exuberância da vida, como promessa de vida, como ápice da vida, como aprovação da vida até na morte, pois a vida aspira à prodigalidade. O erotismo é o domínio da transgressão, da vitória sobre o interdito. O erotismo, emoção extrema, é a atividade sexual própria do homem, de um ser dotado de linguagem, que, buscando conscientemente a volúpia como fim, liga o prazer à transgressão. Os momentos de intensidade da existência são os momentos de excesso, de dissolução das formas constituídas e de fusão dos seres. Mas o erotismo não está dissociado da esfera do sagrado. Bataille distingue três tipos de erotismo: erotismo dos corpos, violação do ser dos parceiros que leva à morte, ao assassinato; erotismo dos corações, fusão dos corpos dos amantes pela paixão; erotismo sagrado, fusão ilimitada dos seres com um além da realidade imediata. Pode-se mesmo dizer que ele privilegia em sua análise o fenômeno da orgia religiosa anterior ao cristianismo, com o frenesi, a vertigem, a perda de consciência e da individualidade que o caracteriza, aspecto sagrado do erotismo, onde a transgressão não só era lícita, como exigida, ligando o horror do sacrifício à religião. O sentido fundamental do erotismo é religioso. Reciprocamente, o sentido das religiões está intimamente ligado ao erotismo. Seu principal exemplo é a orgia dionisíaca, considerada por ele um culto erótico e trágico. Eros é antes de tudo o deus trágico. Dioniso é o deus da festa, o deus da transgressão religiosa, o deus do êxtase, do excesso, da supressão do limite, da loucura, que recusa a lei, a regra da razão. O erotismo religioso é uma afirmação integral da vida. Como diz Bataille referindo-se à presença do mal na literatura moderna: "O Mal, nessa coincidência dos contrários, não é mais o princípio oposto de modo irremediável à ordem natural, que ele é nos limites da razão. A morte, sendo a condição

---

14 *L'érotisme*, p.75.

da vida, o Mal, que se liga essencialmente à morte, é também, de um modo ambíguo, um fundamento do ser."[15]

Em quarto lugar, o cristianismo, que valorizou o trabalho em detrimento do gozo, é uma inversão dos valores da religiosidade primitiva por se opor à transgressão, ter repugnância pela transgressão, desconhecer a santidade da transgressão, e absolutizar o interdito, ao rejeitar a impureza, ao cassar o diabo — que tinha origem divina nas religiões anteriores — do mundo divino tal como ele o concebe. A astúcia do cristianismo foi prometer a possibilidade de o homem escapar do limite da descontinuidade individual, que é a morte, por uma descontinuidade que a morte não atinge, pela imortalidade de seres descontínuos, transformando, portanto, a continuidade do sagrado, do divino, na descontinuidade de um Deus criador.[16] Perdendo seu caráter sagrado, com o cristianismo, o erotismo tornou-se imundo, a imundície que era preciso condenar e da qual era preciso libertar o mundo. "Relativamente, a transgressão, na orgia religiosa anterior ao cristianismo, era lícita: a piedade (*piété*) a exigia. À transgressão opunha-se o interdito, mas sua suspensão permanecia possível, à condição de observar os limites. O interdito, no mundo cristão, foi absoluto. A transgressão teria revelado o que o cristianismo velou: que o sagrado e o interdito se confundem, que o acesso ao sagrado é dado na violência de uma infração."[17] No cristianismo, o sagrado é identificado ao Bem, o interdito é afirmado, o mal torna-se falta, pecado, transgressão condenada, e o erotismo, perdendo seu caráter sagrado, é considerado profano, diabólico, imundo, impuro.

Em quinto lugar, o interdito e a transgressão só foram teorizados como duas instâncias opostas e complementares a partir do ensino oral de Marcel Mauss e de algumas breves indicações dos seus escritos; teoria que será elaborada, em continuidade com o mestre, por seu discípulo, e amigo de Bataille, Roger Caillois, no capítulo IV de seu livro *O homem e o sagrado*. São as únicas indicações encontradas em Bataille a respeito da constituição de uma teoria da transgressão. No entanto, não se deve desconsiderar

---

15 *La littérature et le mal*, in op. cit., p.186.
16 *L'érotisme*, p.132.
17 Ibid., p.139.

a esse respeito, inclusive pela importância que essas análises terão para Foucault, que, para Bataille, Sade, ao realizar o desejo de uma existência livre dos limites, ou a paixão de uma liberdade impossível, na literatura — lugar da paixão para a qual ele, Bataille, reivindica o qualificativo de perigosa, por poder dizer tudo —, foi o primeiro a apreender o mecanismo geral da transgressão da lei moral ao associá-la à ereção e à ejaculação. "Na solidão da prisão, Sade foi o primeiro a expressar racionalmente esses movimentos incontroláveis, sobre a negação dos quais a consciência fundou o edifício social — e a imagem do homem".[18] O papel da literatura, no caso de Sade, é tão ressaltado na interpretação de Bataille, a meu ver por influência de Blanchot, que ele chega a afirmar que o erotismo só pode ser revelado literariamente, pela apresentação de personagens e cenas impossíveis.[19] A literatura é a possibilidade de atingir o impossível, ao situar-se do lado do mal e expressar a realização do desejo de excesso, as possibilidades excessivas. A monotonia da obra de Sade é justamente a enumeração exaustiva, interminável, cansativa, enfadonha, das possibilidades de destruição dos outros, e de gozar com o pensamento de seu sofrimento e de sua morte, o que tem como última conseqüência a destruição, não apenas dos personagens, como também do autor e de sua obra. Destruição tanto das vítimas quanto dos carrascos, pois o fim do movimento que leva os objetos do desejo ao sofrimento e à morte é o desejo do próprio carrasco de ser vítima do suplício. Mas também destruição do autor, pois o sentido de sua obra é seu desejo de desaparecer, o desejo de que sua memória "desapareça da memória dos homens", como diz o próprio Sade.[20] Guiado pelo princípio da negação dos outros e da afirmação de si, com a preferência por tudo que lhe dá prazer, o que o leva, no final, à própria negação do indivíduo soberano, integral, solitário, e associando volúpia e dor, ao desejar atingir o máximo de transgressão, Sade considera que o movimento do amor é um movimento de

---

18 *La littérature et le mal*, in op. cit., IX, p.253.
19 *L'histoire de l'érotisme*, in op. cit., VIII, p.151.
20 Cf., por exemplo, *La littérature et le mal*, in op. cit., IX, p.244, 250. Nesse mesmo livro, Bataille explica a monotonia dos livros de Sade como o resultado da subordinação do jogo literário à expressão de um jogo indizível (cf. p.249).

morte e que o assassinato é o ápice da excitação erótica. Como interpreta Bataille, em última análise, a violência, a crueldade, a monstruosidade do que é mostrado e demonstrado nessas obras? Sem levar Sade, *à la lettre*, a sério. Ou melhor, como a expressão literária, ficcional, imaginária, da idéia de que o erotismo é a dissolução das formas regulares da vida social, como infração à regra dos interditos, querendo com isso dizer que não só a regularidade mas também a irregularidade moral, o excesso, que se manifesta por exemplo no erotismo, faz parte do homem e não pode ser eliminado da vida, por mais perigoso que isso seja.

O "Prefácio à transgressão" é o texto mais importante de Foucault sobre a problemática do limite e da transgressão. Mais do que sobre literatura, ou sobre a linguagem literária, esse artigo é uma interpretação bastante singular de Bataille como filósofo. Singular porque subordina a compreensão do tema do limite e da transgressão ao tema nietzschiano da morte de Deus e à eclosão de um tipo de linguagem não-dialética ou não-fenomenológica, de uma linguagem vazia, não-antropocêntrica, que seria responsável pelo desmoronamento do sujeito, "em que o sujeito que fala, em vez de se expressar, se expõe, vai ao encontro de sua própria finitude e sob cada palavra é remetido a sua própria morte".[21]

Essa interpretação não parece de modo algum evidente à leitura de *O erotismo*, e dos textos teóricos de Bataille em geral. No entanto, pode ser perfeitamente compreendida se valorizarmos, explicando a partir daí a totalidade de sua obra, dois elementos que a constituem. Em primeiro lugar, sua interpretação de Sade, único literato citado no texto de Foucault, que teoriza, a partir de seu exemplo, a relação entre erotismo e literatura moderna considerando ter sido ele sua primeira manifestação, seu marco inicial. Em segundo lugar, a continuidade ou o desenvolvimento que o próprio Bataille procurou dar à obra ficcional de Sade, ao expressar literariamente a experiência do limite e da transgressão, ligando, também ficcionalmente, o erotismo ao sofrimento e à morte. Penso, portanto, que é baseando-se na análise e no elogio que Bataille faz de Sade a respeito da ligação intrínseca entre transgressão e literatura, ou do modo como este leva, pela literatura, o erotismo

---

21 "Préface à la transgression", in DE, I, p.249.

ao limite do impossível, mas também levando em consideração as ficções em que Bataille pratica a transgressão através da literatura, que Foucault constrói uma interpretação que situa a sexualidade, ou o erotismo, na modernidade, ligando-a à morte de Deus e à experiência da linguagem.

Partindo da morte de Deus na modernidade, que ele interpreta como o desaparecimento do limite do Ilimitado, ou do Infinito, e o correlato aparecimento do reino ilimitado ou infinito do Limite, Foucault vê nessa transformação histórica, que inaugura a modernidade, e de que Sade é um dos marcos, a possibilidade de uma experiência do limite que implica uma transgressão afirmativa, visto que não há mais fundamento divino, nem mesmo condição de possibilidade humana para serem transgredidos.

Daí a definição de transgressão que se encontra no texto, e à qual já me referi no capítulo anterior, como "profanação em um mundo que não reconhece mais sentido ao sagrado", ou, como também diz Foucault, "profanação sem objeto", "profanação vazia", em que não há mais nada de exterior a ser negado, profanado. Para distingui-la de uma experiência ética ou moral — Foucault não estabelece nenhuma distinção fundamental entre os dois termos —, com suas oposições ou separações, ele dirá, então, que ela é a afirmação da diferença. E a esse respeito retoma a idéia de Bataille segundo a qual a transgressão se relaciona ao sagrado, ao divino, idéia que fazia Bataille privilegiar o dionisíaco e leva Foucault a situar a filosofia de Nietzsche como aquela que recolocou a experiência do divino no âmago do pensamento. Dizendo respeito ao limite considerado como ilimitado, infinito, a transgressão nunca é absoluta ou total, nunca se dá de uma vez por todas: logo que ultrapassa o limite, este reaparece a sua frente, e assim sucessivamente. "O limite e a transgressão, diz Foucault, devem um ao outro a densidade de seu ser: inexistência de um limite que não poderia absolutamente ser ultrapassado; inutilidade de uma transgressão que só ultrapassaria um limite de ilusão ou de sombra." Isto é, a transgressão é uma experiência que leva o limite ao extremo, ao máximo que se pode, afirmando o ser limitado, sem estabelecer oposições de valor, sem separar em termos de negativo e positivo.[22] Ou, como diz Foucault referindo-se desta vez a

---

22 "Préface à la transgression", in DE, I, p.237-8.

Blanchot, contestar "é ir até o âmago vazio onde o ser atinge seu limite e onde o limite define o ser".[23]

Daí também o erotismo ser interpretado por Foucault como uma experiência da sexualidade que liga a ultrapassagem do limite à morte de Deus. A sexualidade, tal como aparece no texto, como sexualidade "desnaturalizada" ou como erotismo, é um fenômeno moderno, situado em um espaço vazio, sem Deus, espaço de "Ausência", onde o homem descobre sua finitude. A experiência moderna da sexualidade ensina que o homem é sem Deus. "Talvez a importância da sexualidade em nossa cultura, o fato de que desde Sade ela tenha estado tão freqüentemente ligada às decisões mais profundas de nossa cultura se devam justamente ao que a liga à morte de Deus."[24] Conseqüentemente, a sexualidade aparece na modernidade como levada ao limite: limite da consciência, porque permite ler o inconsciente; limite da lei, porque o incesto é a proibição universal; limite da linguagem, porque assinala até onde a linguagem pode ir. O erotismo é uma experiência fundamental da modernidade como experiência da finitude e do ser, do limite e da transgressão. É, a meu ver, o que sintetiza a definição que ele dá do erotismo como "uma experiência da sexualidade que liga a ultrapassagem do limite à morte de Deus".[25]

Daí, finalmente, a relação que Foucault estabelece entre a experiência da transgressão e a experiência da linguagem. E, a esse respeito, a relação é entre Sade e Bataille. A linguagem erótica de Sade, onde se articulam o quadro e o discurso filosófico, o que é mostrado e o que é demonstrado, a ordem do prazer e a ordem das razões, não tem sujeito absoluto, um sujeito em última instância, o que evidencia a morte de Deus. Mas é uma linguagem que, cobrindo o seu espaço com um discurso, explícito e contínuo, não põe radicalmente em questão a própria idéia de discurso, de representação, pois, como será dito em *As palavras e as coisas*, o discurso é a função representativa da linguagem. Já a linguagem de Bataille é uma forma extrema de linguagem que desmorona, desfalece, ao procurar dizer o impossível, o que não pode ser dito.

---

23 Ibid., p.238.
24 Idib., p.235.
25 Ibid., p.236.

"Bataille sabia que possibilidades de pensamento essa morte [a morte de Deus] podia abrir, e também em que impossibilidade ela engajava o pensamento."[26] Essa impossibilidade, bem na linha da relação que Nietzsche vê entre Deus e a linguagem, parece ser, na interpretação de Foucault, o desmoronamento da linguagem pela linguagem, se é possível pensar nesse sentido este trecho do artigo em que Bataille é situado em relação a Sade: "A linguagem de Bataille, em contrapartida, desmorona incessantemente no âmago de seu próprio espaço, desnudando, na inércia do êxtase, o sujeito insistente e visível que tentou mantê-la, e foi como que rejeitado por ela e se encontra extenuado no terreno daquilo que ele não pode mais dizer."[27] Referindo-se explicitamente à linguagem desdialetizada da filosofia de Bataille, Foucault acentua que ela não é totalmente habitada por ele como um sujeito filosofante soberano que a domina: é uma linguagem em que, no lugar de um sujeito idêntico, cria-se um vazio onde existe em dispersão, combinando-se ou excluindo-se, uma multiplicidade de sujeitos falantes ou de sujeitos fraturados. "Linguagem não-dialética do limite que só se desdobra na transgressão daquele que fala."[28] É, finalmente, nessa situação trágica de falha da linguagem, de falta de palavra, de desvanecimento do sujeito, que Foucault pensa a morte, para Bataille, como o limite que, por exemplo, o olho, interpretado como o espaço da linguagem filosófica de Bataille, "não cessa de transgredir fazendo-a surgir como limite absoluto no movimento de êxtase que lhe permite saltar para o outro lado", olho transtornado, perturbado, que descobre o limite da linguagem e da morte no momento em que figura o jogo do limite e do ser.[29]

No artigo sobre *Hölderlin e a questão do pai*, de Laplanche, de 1962, dedicado ainda basicamente ao estudo da relação entre a obra e a ausência de obra, Foucault afirmava que a morte de Deus, situada entre o final do século XVIII e o início do século XIX, que Hölderlin sentiu como "afastamento categórico", como o fato de os deuses terem virado as costas para os homens, ressoou profundamente na linguagem. Bem possivelmente ele estava que-

26 Ibid., p.235.
27 Ibid., p.240.
28 Ibid., p.244.
29 Ibid., p.246.

rendo com isso indicar que esse abandono significou o desaparecimento de critérios ou princípios universais externos a que a linguagem deveria se adequar, abrindo a possibilidade de a linguagem se tornar soberana e a exigência de se falar na direção da ausência ou do vazio que então se instaurou, por um processo trágico de exaustão ou de perdição da linguagem.[30]

Essas idéias aparecem bem mais explicitamente no artigo "A linguagem ao infinito", de 63, de todos os textos de Foucault sobre a linguagem o que mais se assemelha a uma arqueologia da literatura, por seu enfoque histórico e sua atenção à ruptura, à descontinuidade. Mas a importância dessa utilização muito genérica do método arqueológico está principalmente em esboçar, ao indicar sua possibilidade, uma "ontologia formal da literatura" que investiga o "ser da linguagem" literária. A expressão ser da linguagem aparece pela primeira vez no "Prefácio à transgressão"[31] e, como veremos, tem seu apogeu em *As palavras e as coisas*. Só que, harmonizando-se ao interesse central do pensamento de Foucault no momento, ela é agora definida pelo modo como o homem estabelece sua relação com a morte. Assumindo, pela primeira vez em seu pensamento, a concepção do ser da linguagem como repetição, duplicação, que se manterá durante o tempo em que durar o privilégio que ele concede à linguagem literária, e sugerindo a possibilidade de constituição de uma ontologia concebida como uma análise das formas de repetição da linguagem, um inventário de suas leis de funcionamento e de transformação, como explicitará, logo depois, a conferência "Linguagem e literatura", "A linguagem ao infinito" situa, sob as formas prudentes do "tenho a impressão" e do "talvez", o nascimento da literatura no final do século XVIII, quando se produz uma mudança radical na relação da linguagem com sua repetição infinita devido justamente à mudança da relação da linguagem com a morte.

Partindo da frase de Blanchot, "escrever para não morrer"[32] e interpretando a morte como o vazio a partir do qual, para o qual

---

30 Cf. "Le 'non' du père", in DE, I, p.202-3.

31 In DE, I, p.241.

32 *L'espace littéraire*, p.112. Trata-se na verdade de uma idéia que Blanchot atribui a Gide e a Proust, e da qual ele se distancia — aderindo à formula de Kafka "escrever para poder morrer" —, como uma forma de individualismo insatisfatória

ou contra o qual se fala, como o limite que possibilita uma linguagem infinita, uma linguagem que, na linha da morte, ou contra a parede da morte, se reflete em um jogo de espelho ilimitado, constituindo-se como auto-representação, reduplicação, Foucault distingue dois grandes períodos da linguagem na história da humanidade que expressam duas maneiras de lidar com a morte.

O primeiro período desse esboço de arqueologia vai do aparecimento dos deuses homéricos até o afastamento dos deuses com Hölderlin, quando falar da glória do herói, como na poesia épica, ou falar para ameaçar os homens com a morte que ultrapassa toda glória, como no cristianismo, era sempre querer se proteger do perigo da morte pela promessa de uma imortalidade. O que Foucault chama de "obra de linguagem", para distinguir da literatura, só manifesta sua repetição constitutiva, o jogo de espelho sem limites, sem fim, o espaço infinito da linguagem, quando afronta a morte colocando o infinito fora dela, isto é, colocando fora dela uma Palavra infinita, primitiva, soberana, absoluta, que ela bem ou mal deve imitar, espelhar, repetir, representar, para se constituir como obra de linguagem. Daí por que, durante todo esse período, o espaço da linguagem é definido pela retórica, que tinha justamente como função relacionar uma linguagem absoluta, primordial, porém muda, inaudível, indecifrável, e uma linguagem humana, finita, da qual a outra é o modelo perfeito, o paradigma que se encontra fora dos livros no Livro Eterno.

No segundo período, com a morte dos deuses na modernidade, não podendo mais se fundar na palavra do infinito e repeti-la, a linguagem só depende de si própria, de seu próprio curso, para manter a morte afastada. Então, para recuar indefinidamente a morte, ela se volta sobre si mesma, se torna um espaço de repetição, de reduplicação do que já foi dito. A obra de linguagem existia em função de uma linguagem absoluta, infinita que a fundava e a limitava, e que ela devia repetir, no sentido de

---

e vã, como se pode ver pelo que diz logo a seguir: "O que é preciso é não permanecer na eternidade preguiçosa dos ídolos, mas mudar, desaparecer a fim de cooperar para a transformação universal: agir sem nome e não ser um puro nome ocioso."

representar. A literatura, considerada como fenômeno moderno, começa quando essa linguagem infinita se cala e a experiência literária, o ato de escrever considerado como ato literário, não tendo mais que representar a palavra do infinito, se volta para a própria literatura, repetindo o que foi dito, para recusá-lo, apagá-lo, profaná-lo, transgredi-lo, dele se distanciar e, deste modo, aproximá-lo ao máximo da essência da literatura. A importância de Hölderlin está justamente, diz Foucault, em se ter apercebido "de que só podia falar no espaço marcado pelo afastamento dos deuses e de que a linguagem só devia a seu próprio poder manter a morte afastada".[33] O que faz pensar em Blanchot quando comenta a afirmação de Mallarmé de que esvaziando o verso encontrou dois abismos, o nada e sua morte: "Quem esvazia o verso escapa do ser como certeza, encontra a ausência dos deuses, vive na intimidade dessa ausência, torna-se responsável por ela, assume o risco dela, suporta seu favor. Quem esvazia o verso deve renunciar a qualquer ídolo, deve cortar com tudo, não ter a verdade como horizonte, nem o futuro como morada, pois não tem nenhum direito à esperança: pois lhe será preciso, ao contrário, desesperar. Quem esvazia o verso morre, encontra a morte como abismo."[34]

Para tornar essa idéia, ao mesmo tempo difícil e importante, mais clara, pode-se pensar em Sade, que, como vimos, Foucault considera, na esteira de Bataille, o primeiro a criar uma linguagem transgressiva. O pensamento de Sade, já dizia Foucault na *História da loucura*, realiza uma "demonstração por absurdo da inanição da filosofia contemporânea e de toda sua verborragia sobre o homem e a natureza". Aqui essa idéia é aprofundada quando Sade

---

33 "Le langage à l'infini", in DE, I, p.255.

34 *L'espace littéraire*, p.34. Aliás pode-se encontrar nesse livro a referência a uma ruptura parecida com a que Foucault estabelece, quando Blanchot diz que a arte "era a linguagem dos deuses e, com o desaparecimento dos deuses, ela tornou-se a linguagem onde se expressou esse desaparecimento e depois a linguagem onde esse próprio desaparecimento deixou de aparecer (p.335; cf. p.291). A diferença é que aquilo que Blanchot chama de dialética da obra ou de transformação do sentido da arte não corresponde exatamente a épocas históricas determinadas (p.312) e que o seu esquema tem três termos: os deuses, o homem e a linguagem, isto é, à obra, que já foi palavra dos deuses e palavra do homem, só lhe resta ser palavra da própria linguagem (p.314).

é considerado por Foucault um dos marcos da literatura moderna pelo fato de, em seu projeto de dizer tudo, de transgredir os interditos e ir ao extremo do possível, ter feito a linguagem repetir exaustivamente, em forma de pastiche contestador, irônico, profanador, aniquilador, esterilizante, as falas acumuladas, o que foi dito antes dele, sobretudo pela filosofia do século XVIII, sobre Deus, o homem, a alma, o corpo, o sexo ... com o objetivo de transgredi-lo.[35]

"Linguagem e literatura", que define a linguagem literária como ausência, assassinato, desdobramento, simulacro,[36] ressalta essa característica constitutiva da historicidade da literatura: assassinar, matar, recusar, negar, silenciar, transgredir, conjurar, profanar o que é tido como essência da literatura, e, ao mesmo tempo, voltar-se, apontar, fazer sinal para algo que é literatura, mas que nunca será dado, que introduz sempre uma ruptura, que é um espaço vazio que nunca será preenchido, objetivado, que é sempre o "livro por vir", para usar a expressão de Maurice Blanchot, porque nenhum livro, nenhuma obra coincide, nem poderá coincidir, com ele. Como diz Blanchot em *O espaço literário*: "a arte só é 'verdadeira' na obra sempre por vir" ou, em *O livro por vir*, a literatura é "o que nunca se descobre, nunca se verifica nem se justifica diretamente", isto é, a essência da literatura jamais é dada, deve sempre ser reencontrada ou reinventada.[37]

É, portanto, na época em que escreve "A linguagem ao infinito" que Foucault começa a pensar a literatura como um fenômeno de repetição da própria linguagem, e por isso eminentemente moder-

---

35 Cf. "Le langage à l'infini", in DE, I, p.256-7.

36 Em seu artigo sobre Klossowski, "A prosa de Acteon", Foucault define o simulacro como "imagem vã (por oposição à realidade); representação de alguma coisa (em que esta coisa se delega, se manifesta, mas se retira e, em certo sentido, se oculta); mentira que faz um signo ser tomado por outro; signo da presença de uma divindade (e possibilidade recíproca de tomar este signo por seu contrário); vinda simultânea do Mesmo e do Outro (simular é, originariamente, vir junto)." (DE, I, p.329). Em "Distância, aspecto, origem", retomando de Kossowski a palavra simulacro, ele se pergunta se simular não seria "'vir junto', estar, ao mesmo tempo, em si e fora de si? Ser si mesmo neste outro lugar, que não é o local de nascimento, o solo nativo da percepção, mas a uma distância sem medida, no exterior mais próximo?" (DE, I, p.275).

37 *L'espace littéraire*, p.318; *Le livre à venir*, p.292-294.

no, como se pode perceber quando ele diz de forma ainda hesitante, mas já decisiva: "Talvez o que se deva chamar rigorosamente 'literatura' tenha seu limiar de existência precisamente no final do século XVIII, quando aparece uma linguagem que retoma e consome com seu raio toda linguagem dando nascimento a uma figura obscura mas dominadora onde atuam a morte, o espelho e o duplo, o encarneiramento ao infinito das palavras."[38] Daí por que, na modernidade, o espaço da linguagem é definido não mais pela retórica e sim pela biblioteca, no sentido em que, se a linguagem agora é infinita, isso se deve ao fato de não mais poder se apoiar na palavra do infinito e estar obrigada, para recuar indefinidamente a morte, a se voltar incessantemente para um espaço que é o análogo de si próprio, que é o espaço do já dito, o espaço do murmúrio infinito, com o objetivo de, repetindo-o, transgredi-lo e constituir-se como livro. A origem, ou melhor, a fonte da literatura é o murmúrio inesgotável, interminável, que se desdobra sem fim, da própria linguagem. E talvez também seja essa a idéia principal do texto de Foucault sobre *A tentação de Santo Antão*, de Flaubert, livro que, dada a radicalidade com que esse procedimento é utilizado, permite vê-lo como a abertura do espaço de uma literatura que só existe em relação ao já escrito, ao "murmúrio indefinido do escrito", o espaço, o volume do livro.

Mas o melhor exemplo da relação entre a experiência literária da linguagem e a morte se encontra no livro que Foucault escreveu mais rápido e com mais prazer que os outros, como disse vários anos depois,[39] sobre Raymond Roussel, escritor que descobriu em 1957, tendo inclusive declarado nessa mesma ocasião, ter sido ele, ao lado de Beckett, Blanchot, Bataille, Robbe-Grillet, Butor, Barthes, Lévi-Strauss, um dos responsáveis por seu afastamento do marxismo e da fenomenologia.[40] Publicado ao mesmo tempo que o

---

38 DE, I, p.260.
39 Cf "Archéologie d'une passion", entrevista de 83, publicada em 84 como posfácio da tradução americana do livro, in DE, IV, p.607.
40 Cf. DE, IV, p.608. Em entrevista, de 86, a Claire Parnet, intitulada "Um retrato de Foucault", Deleuze dirá que "A crítica da fenomenologia por Foucault, é no *Raymond Roussel* que a encontramos, sem que ele precise dizê-lo" (*Pourparlers*, p.146).

Nascimento da clínica, Raymond Roussel considera que é no isomorfismo à morte que a linguagem adquire uma de suas significações extremas.[41]

Neste sentido, não me parece inteiramente correto dizer, como faz Foucault nessa entrevista — em geral de uma fidelidade impressionante a algumas idéias que defendia na época em que o texto foi escrito — que se trata de um livro à parte em sua obra. A parte de verdade dessa afirmação está em não se poder dizer que ele escreveu o *Raymond Roussel* porque havia escrito a *História da loucura,* porque havia feito a história dos aspectos médicos e institucionais da loucura nas épocas clássica e moderna. Efetivamente seu estudo não privilegia a patologia do autor para explicar a obra. Isso não impede, no entanto, de aproximar o livro sobre a linguagem de Roussel do *Nascimento da clínica,* situando-o perfeitamente nesse momento preciso da trajetória da arqueologia. Não é à toa, por exemplo, que nos dois casos, diferentemente dos outros livros de Foucault, a análise se faz pela disjunção e pela relação entre o olhar e a linguagem, análise que no caso da medicina moderna demonstra a subordinação do dizer ao ver, ao passo que no caso do escritor mostra a subordinação inversa do ver ao dizer, ou o privilégio da linguagem, com seu poder de fazer ver: "Como se o papel da linguagem, duplicando o que é visível, fosse manifestá-lo e mostrar assim que, para ser visto, ele tem necessidade de ser repetido pela linguagem; apenas a palavra enraíza o visível nas coisas."[42] Além disso, e mesmo principalmente, dado o nosso interesse, a questão da morte, central nos textos escritos por ele nessa época, como estamos vendo, é essencial nesses dois livros: no caso da anátomo-clínica a abertura do cadáver sendo condição do conhecimento da vida, no caso de Roussel o limiar da morte aparecendo como a chave para dar conta dos mecanismos de sua linguagem. Neste sentido, uma frase do tipo: "Como se o olhar, para ver o que há para ver, tivesse necessidade da desdobrante presença da morte", que relaciona a obra de Raymond Roussel com sua morte, bem que poderia ser do *Nascimento da clínica.* E mesmo se a problemática da loucura

41 "Dire et voir chez Raymond Roussel", in DE, I, p.212.
42 RR, p.154.

não é fundamental para compreender o livro sobre Roussel, isso só é verdade no sentido em que para Foucault sua obra não é o produto de um comportamento patológico ou a experiência de linguagem de um obsessivo, como ele dirá ainda nessa entrevista, o que, sabe-se, é um aspecto de sua técnica de não explicar uma obra por aquele que a escreveu. No entanto, é evidente que o último capítulo do livro, que por sinal começa com a frase do psiquiatra Pierre Janet sobre Roussel, que havia sido seu paciente, "*c'est un pauvre petit malade*" e tematiza a relação entre loucura e ausência de obra, está em continuidade com o primeiro livro de Foucault.[43]

A leitura que Foucault faz de Roussel parte do livro, "secreto e póstumo", *Como escrevi alguns de meus livros.* Foucault organiza sua leitura a partir do texto que se apresenta como tendo sido escrito para explicar o processo de composição de grande parte dos livros de Roussel. Mas, fundamentalmente, é com a intenção de ir além do que este diz explicitamente sobre os procedimentos que inventou, não só por considerá-lo reservado com relação ao procedimento em geral, como por ser um livro como os outros livros que Roussel pretende explicar, isto é, também construído com um procedimento. Além disso, Foucault ainda defende que o livro póstumo, em vez de desvendar o segredo, revelar o sentido oculto do procedimento — como na hipótese de Breton de existência de uma linguagem esotérica em Roussel —, reduplica esse segredo, transforma o procedimento em enigma. O que o leva a procurar compreender a obra em sua totalidade, e não apenas alguns de seus escritos, pela noção de procedimento, descobrindo outros procedimentos nos textos não explicados por Roussel no livro póstumo, ou tomando o procedimento, tal como aparece nesse último livro, como uma figura singular de um espaço maior cujas características é seu objetivo nomear. Mas isso não é tudo, porque negar o poder de revelação de *Como escrevi alguns de meus livros* o obriga a defender, inclusive, como o faz quando

---

43 Em "Louis Wolfson, ou le procédé", considerando a psicose inseparável de um procedimento lingüístico variável ou o procedimento como o próprio processo da psicose, entendida em um sentido não psiquiátrico ou psicanalítico, Deleuze caracteriza o procedimento de Roussel como esquizofrênico (*Critique et clinique*, p.20, p.32).

analisa as máquinas de *Locus solus* ou as *Novas impressões da África*, que o procedimento já estava revelado quando o último livro foi escrito.[44] Neste sentido, não apenas o último livro, mas toda a linguagem de Roussel é póstuma e secreta; não só o último livro, mas toda a sua obra é organizada em torno de sua morte.

Em *Como escrevi alguns de meus livros*, Roussel diz que o modo como escreveu livros como *Locus solus*, *Impressões da África*, *Étoile au front*, *Poeira de sóis*, diferentemente de outros livros como *La doublure*, *A vista*, *Novas impressões da África*, que ele considera como totalmente estranhos ao procedimento, consistiu em partir de duas palavras quase semelhantes, isto é, semelhantes a não ser por um pequeno desvio morfológico, pela diferença de uma única letra, como nas palavras *billard* e *pillard*, e, em seguida, acrescentar desta vez palavras semelhantes, só que tomadas em dois sentidos diferentes, procedimento que lhe possibilitava obter duas frases quase idênticas ou ambíguas. No caso de *billard* e *pillard*, palavras que serviram para a composição de *Impressões da África*, as duas frases foram: "Les lettres du blanc sur les bandes du vieux billard" e "Les lettres du blanc sur les bandes du vieux pillard", o que pode ser traduzido como: "As letras de giz nas bandas do velho bilhar" e "As cartas do branco sobre os bandos do velho pilhador". Outro exemplo desse procedimento de criação baseado em duas frases semelhantes com sentidos diferentes é *Chiquenaude*, o texto do qual Roussel mais gostava — segundo Foucault porque nele o procedimento era usado em suas duas formas, este, do retorno da frase inicial, e o da aproximação de palavras —, que começava com "les vers de la doublure dans la pièce de Forban talon rouge" e terminava com "les vers de la doublure dans la pièce du fort pantalon rouge", o que pode ser traduzido como "os versos do ator substituto na peça de Forban tacão vermelho" e "os vermes do forro na peça do forte calção vermelho". A partir daí seu método consistiu em escrever um conto que começasse com a primeira frase e terminasse com a segunda, utilizando, entre as duas frases, palavras idênticas, aparentadas às palavras das duas frases semelhantes e tomadas sempre em dois sentidos diferentes. Roussel dá vários exemplos dessas palavras compostas, ligadas pela preposi-

44 RR, p.184-5.

ção *a*, que utilizou para ampliar o procedimento. Um desses exemplos, por ser mais explícito, dá uma boa idéia de como esses livros eram escritos: "Eu tomava a palavra *palmier* e decidia considerá-la em dois sentidos: o sentido de bolo e o sentido de árvore. Considerando-a no sentido de bolo, eu procurava casá-la, através da preposição *a*, com outra palavra também suscetível de ser tomada em dois sentidos diferentes; obtinha assim (e isso era um grande e longo trabalho) um *palmier* (bolo) a *restauration* (restaurante onde são servidos bolos); o que me dava, por outro lado, um *palmier* (árvore) a *restauration* (sentido de restabelecimento de uma dinastia em um trono). Daí o *palmier* da praça dos Troféus dedicado à restauração da dinastia dos Talou."[45]

Mas isso não é tudo, porque no mesmo livro Roussel apresenta, como uma evolução do anterior, um outro procedimento, que o faz considerar o procedimento em geral como poético, por ser próximo da rima: uma "criação imprevista devido a combinações fônicas".[46] Esse procedimento consiste em partir de uma frase banal, encontrada ao acaso, vista em uma parede, lida em um texto, etc., e, fragmentando-a, dela extrair imagens. Entre outros, ele dá os exemplos de como se utilizou de frases de duas canções populares "J'ai du bon tabac" e "Au clair de la lune". "J'ai du bon tabac dans ma tabatière" tornou-se "Jade tube onde aubade en mat a basse tierce"; "Au clair de la lune mon ami Pierrot" deu "Eau glaive de là l'anémoine à midi négro". Eis, através de um exemplo, como as palavras-imagens resultantes da pulverização ou da ruína da primeira frase se dispõem na narrativa de Roussel: "Au centre d'un bassin de marbre, un jet d'eau sortant d'un *tube en jade* dessinait gracieusement sa courbe élancée... Sous la fenetre non loin du bassin de marbre se tenait un jeune homme à chevelure bouclée... Levant vers le couple sa face de poète inspiré, il chantait quelque élégie de sa façon, en se servant d'un porte-voix *en* métal *mat* et argenté."[47] Não mais, portanto, a quase homonímia como

45 *Comment j'ai écrit certains de mes livres*, p.14

46 Ibid., p.23.

47 "No centro de uma fonte de mármore, um jato d'água saindo de um tubo de jade desenhava graciosamente uma curva esguia ... Embaixo da janela perto da fonte de mármore estava um jovem de cabelos cacheados ... Levantando em direção do casal seu rosto de poeta inspirado, ele cantava uma elegia de sua

ponto de partida, mas a homofonia ou, como diz Foucault, uma "dispersão fonética", uma explosão fonética de frases arbitrárias.[48]

Raymond Roussel distingue esses procedimentos do seguinte modo: "No primeiro caso, tratava-se de descolar uma da outra as duas vertentes de uma mesma superfície verbal; agora é preciso, em plena massa física da palavra, no interior do que a torna materialmente espessa, fazer jorrar elementos de identidade, como minúsculas palhetas que seriam logo recolocadas em um outro bloco verbal, bloco cujas dimensões são infinitamente maiores, visto que se trata de envolver o volume coberto pela explosão secreta das palavras."[49] Anos depois do *Raymond Roussel*, na apresentação da *Gramática lógica*, de Brisset, Foucault volta a resumir os dois procedimentos de Roussel, de uma maneira muito mais simples, inclusive: "Um consiste em tomar uma frase, ou um fragmento de frase, e repeti-la, idêntica, a não ser por uma pequena falha que estabelece entre as duas formulações uma distância onde toda a história deve se passar. O outro consiste em tomar, ao acaso, um fragmento de texto e, por uma série de repetições transformadoras, extrair dele uma série de motivos totalmente diferentes, heterogêneos entre si e sem liame semântico ou sintático: o jogo é então traçar uma história que passe por todas as palavras assim obtidas e por todas as etapas necessárias."[50]

Mas, evidentemente, para dar conta do *Raymond Roussel*, não basta mostrar como Foucault descreveu os procedimentos criados e utilizados pelo escritor. O importante é saber por que valorizou a noção de procedimento, ou melhor, que contribuição traz o conhecimento dos procedimentos utilizados pela escrita de Roussel — seja os explicitados pelo próprio Roussel, seja os descobertos por Foucault em sua obra, e para os quais ele procura a "matriz geral" — aos temas investigados pelo filósofo nessa época em sua reflexão sobre a linguagem.

Na base da interpretação que Foucault propõe de Roussel, está a idéia de que a linguagem só diz a si mesma, tem como ser a

---

autoria, servindo-se de um porta-voz de metal fosco e prateado." Citado em RR, p.58; o grifo é meu.

48 RR, p.56.

49 RR, p.14, p.57-58.

50 DE, II, p.20.

auto-implicação, a reduplicação, o desdobramento, a repetição do já dito, das palavras já faladas, "a figura segunda de palavras já faladas". Essa idéia aparece, como temos visto, invariavelmente nos textos escritos por ele sobre literatura, a partir desse ano, como crítica da concepção representativa da linguagem, para marcar que as palavras não foram feitas para dizer as coisas, ou que não há entre as palavras e as coisas uma relação de representação ou de significação. É essa idéia que leva Foucault a valorizar a afirmação de Roussel de que tudo em seus livros é produto de sua imaginação. Efetivamente em *Como escrevi alguns de meus livros* Roussel havia escrito: "Viajei muito ... Mas de todas essas viagens, nada tirei para meus livros. Pareceu-me que isto deveria ser assinalado porque mostra claramente que em mim a imaginação é tudo."[51] Mas é preciso dar conta do sentido preciso em que essa afirmação é valorizada por Foucault.

O psiquiatra Pierre Janet, que tratou de Roussel, também destaca essa característica de sua obra, como se pode ver por um trecho de seu livro *Da angustia ao êxtase*, de 1926, reproduzido em parte pelo próprio Roussel em *Como escrevi alguns de meus livros*: "Martial [pseudônimo que ele dá a seu paciente] tem uma concepção bastante interessante da beleza literária, é preciso que a obra não contenha nada de real, nenhuma observação do mundo ou dos espíritos, a não ser combinações totalmente imaginárias ..."[52] Mas há uma grande diferença na maneira como Janet e Foucault interpretam essa importância da imaginação na obra de Roussel. Janet relaciona essa concepção com um acontecimento da vida passada do autor. Levando em consideração que aos dezenove anos, quando escrevia *La doublure*, Roussel teve uma sensação de glória universal de uma intensidade extraordinária, vendo tudo que escrevia estar cercado de raios, e que, apesar dos constantes insucessos literários que conheceu, sempre teve a convicção, anormal, de seu incomensurável valor artístico, acreditando que um dia teria uma glória maior do que as de Victor Hugo ou de Napoleão, o psiquiatra vê nessa concepção de que a obra não deve conter nada de real um sintoma doentio, uma fuga diante da

51 *Comment j'ai écrit certains de mes livres*, p.27.
52 Ibid., p.132.

realidade, uma compensação de sua rejeição da realidade. Sintoma que é um efeito ou uma manifestação da imobilidade e do desinteresse característicos do êxtase, que por sua vez é uma resposta a um estado de angústia.

Já Foucault — seguindo nisso Michel Leiris, que em 1954 havia escrito um artigo intitulado "Concepção e realidade em Raymond Roussel", que salientava em sua obra "a criação de um mundo fictício, inteiramente fabricado, sem nada em comum com a realidade" — procura explicá-la não a partir do autor, de uma experiência subjetiva do indivíduo, e muito menos de um comportamento patológico, mas da obra, pensada independentemente daquele que a escreveu, isto é, da experiência da própria linguagem, no sentido de que antes de falar não há nada e de que a linguagem não fala de nada. Antes da linguagem só existe linguagem; escrever é repetir palavras já ditas, o já dito da linguagem; escrever é um jogo da linguagem com a linguagem. Neste sentido, dizer que a imaginação é tudo, diferentemente de uma perspectiva fenomenológica, por exemplo, que remeteria a imagem à consciência e ao mundo, significa dizer que a linguagem é tudo, que a linguagem é autônoma: ela não tem nenhuma relação com o mundo exterior e é de suas descrições impossíveis que nasce um mundo de coisas jamais ditas, impossíveis, absurdas, inverossímeis. E mesmo quando distingue esses livros que descrevem o impossível, como *Impressões da África* e *Locus solus*, de obras descritivas como *La doublure* e *A vista*, trata-se, para ele, neste caso, de uma descrição que não é "a fidelidade da linguagem ao objeto, mas o nascimento perpetuamente renovado de uma relação infinita entre as palavras e as coisas" ou da descrição de máscaras, de imagens, isto é, de uma linguagem sobre duplos, o que não é fundamentalmente diferente de uma linguagem sobre imagens impossíveis.[53] Como diz Foucault: "Não há sistema comum à existência e à linguagem; pela simples razão de que é a linguagem, e apenas ela, que forma o sistema da existência."[54] Ou como diz Philippe Sollers, falando da interpretação de Foucault: o pensamento, ou a "prática vertiginosa da linguagem" em vez de fazer palavras com

53 "Pourquoi réedite-t-on l'oeuvre de Raymond Roussel?", in DE, I.
54 RR, p.203.

coisas, faz coisas com palavras. "As palavras, então, propõem; a imaginação dispõe — e tudo obedece, tudo se oferece a ela, a elas."[55] No fundo, a linguagem não quer dizer nada, a não ser o seu próprio agenciamento, sua composição. Assim como para o guardador de rebanhos de Fernando Pessoa "o vento só fala do vento", para o Roussel de Foucault a linguagem só fala da linguagem. E, se há angústia, ao invés de uma angústia do sujeito Roussel, trata-se da "angústia do significante", uma inquietação da própria linguagem.[56]

Se Foucault estuda o procedimento geral das obras de Roussel, explicitando suas diversas figuras, é porque ele materializa uma determinada concepção da linguagem como repetição da própria linguagem. Sua singularidade está em que, segundo ele, o procedimento é fundamentalmente uma repetição da linguagem que lhe muda o sentido ou cria a diferença, fazendo a linguagem perder uma identidade e adquirir uma nova identidade. Pode-se, portanto, dizer que o fundamental de sua interpretação está em apresentar o jogo entre identidade, diferença e repetição existente nos procedimentos criados por Roussel.

A esse respeito, a problemática do vazio da linguagem é fundamental. Na linguagem de Roussel, Foucault vê a ilustração da tese de que a linguagem fala a partir de uma falta essencial, ou de que os signos só significam por essa falta.[57] Essa tese, sobre a qual Foucault vem insistindo desde o início de sua reflexão sobre a literatura, como uma maneira de contestar uma concepção metafísica ou mesmo antropológica da linguagem, e que na verdade não é sua, pois antes dele já havia sido formulada por autores como Blanchot, é utilizada agora com o intuito de mostrar que em Raymond Roussel o vazio da linguagem, a pobreza que é sua riqueza, sua rica pobreza, é "a carência das palavras que são menos numerosas do que as coisas que elas designam e devem a essa economia querer dizer alguma coisa".[58] Daí Foucault encontrar e

55 "Logicus solus", in *Logiques*, p.125.
56 RR, p.209-10. Em *Le livre à venir* (p.126) Blanchot havia falado, a respeito de Claudel, de "doença da linguagem".
57 RR, p.208-9.
58 RR, p.207-8.

valorizar em Roussel o que chama de "espaço tropológico do vocabulário", definido como um branco da linguagem que cria um vazio no interior da palavra, como no caso da ínfima diferença entre *p* e *b*, vazio que dá origem à repetição.[59]

A relação entre a repetição e esse vazio, esse branco, essa lacuna, esse oco, essa ausência, é que, nos procedimentos de Roussel, as palavras se perdem e se reencontram, recuam e retornam, formando um círculo, uma curva em que, no final, a identidade das palavras é correlata à diferença das coisas.[60] Voltando no final do texto, mas com um sentido diferente do que tinha no início, a frase inicial, agora no final, evidencia uma falha na reprodução das coisas. Falta, falha minúscula da linguagem que a impede de ser a representação exata do que ela representa, e revela sua ambigüidade fundamental, visto que faz surgir duas significações estranhas para uma mesma palavra, visto que faz a linguagem dizer coisas diferentes com as mesmas palavras, dar às mesmas palavras um outro sentido. Se o objetivo do procedimento é dizer duas coisas diferentes com as mesmas palavras,[61] destruir a identidade das coisas com a ambigüidade das palavras,[62] desfazendo a ligação entre as palavras e as coisas, o signo e o sentido, o significante e o significado, isso se dá por uma repetição que mostra a falha, a falta da linguagem.

Para dar conta com mais precisão de como se constrói esse liame entre a repetição e o vazio da linguagem, é indispensável finalmente lembrar que Foucault interpreta a obra de Roussel em relação à morte, um de seus principais interesses nessa época a respeito tanto da ciência médica moderna quanto da linguagem literária, como temos visto, considerando-a peça essencial do mecanismo geral dos procedimentos que o escritor criou e utilizou.[63] Neste sentido, a idéia que percorre o *Raymond Roussel*, agenciando suas partes, é a da existência de um isomorfismo ou

---

59 RR, p.24.
60 RR, p.34.
61 RR, p.124.
62 RR, p.185.
63 Sobre o tema da morte, em RR, cf. principalmente p.10-1,70-7, 86, 89, 97, 109-12, 120-1, 156, 190, 196-7, 204, 209.)

de uma simetria entre a morte futura do autor e seus livros. Em vez de *Como escrevi alguns de meus livros*, como em geral se acredita, é o próprio suicídio de Roussel, em Palermo, que é o limiar, ou a última chave, do procedimento, encontrando-se, deste modo, visivelmente inserida não só no livro póstumo, como também nos anteriores, como um "futuro já presente": "em todas as figuras que cantam a indefinida repetição, o gesto único e definitivo de Palermo encontra-se inscrito como um futuro já presente".[64] O que o leva à afirmação de que, em geral, as máquinas de linguagem de Roussel expressam a relação da linguagem com a morte, nos sentidos tanto de uma morte que se mantém na vida, quanto de uma vida que se prolonga ou se repete na morte. Como se Roussel, que vivera para compor sua obra, não tendo por isso nem tempo nem interesse de olhar à sua volta, escrevesse para não morrer, numa linguagem que arruinasse concertadamente a própria linguagem. Dito de outro modo: a soberania da morte, a realização do desejo de morte, o gosto, finalmente adquirido, da morte, que se manifesta no suicídio de Roussel, é, ao mesmo tempo, o sonho de prolongar indefinidamente a vida por obras escritas em uma linguagem morta e mortal.

O que significa que a linguagem de Roussel é sempre marcada pela destruição, pelo aniquilamento, pela abolição de si própria, que o vazio de uma morte sem ressurreição — "um domingo de Páscoa que permanece vazio" — está presente na obra por uma repetição da linguagem que evidencia sua falha soberana e central;[65] que o segredo dos procedimentos, das técnicas, das máquinas, dos jogos de linguagem inventados por Roussel é a relação repetida da linguagem com a morte,[66] o massacre, a pulverização, a abolição, a desintegração, a destruição, a perdição, a morte da linguagem pela própria linguagem.

Aliás, uma boa ilustração dessa concertada destruição da linguagem, que me parece ser uma das características básicas das obras de Roussel, segundo a interpretação de Foucault, pode ser encontrada em uma das máquinas de *Locus solus*. Dentro de um

---

64 RR, p.76.
65 RR, p.202, 210.
66 RR, p.71.

diamante gigante, oco e cheio de uma água maravilhosa, a *aquamicans*, pende de um fio, em meio a outros objetos, a cabeça de Danton, ou o que restou dela — o cérebro, os músculos e os nervos — depois de ter sido decapitada e mal embalsamada. Quando, a uma ordem do mestre, Canterel, um gato, nadando nas águas do diamante, coloca seu focinho em um funil, tocando delicadamente e eletrizando o cérebro de Danton, para lhe fazer repetir suas antigas palavras, o que acontece? Os lábios descarnados pronunciam "um monte de palavras desprovidas de ressonância", "caóticos trechos de discursos sucedendo-se sem liame ou se repetindo às vezes insistentemente", "incoerentes fragmentos de discursos impregnados de vibrante patriotismo". E Foucault tira a lição, ou melhor, explica a engrenagem dessas máquinas de repetição das coisas no tempo, como as de *Locus solus* e de *Impressões da África*, das quais um dos exemplos é a que contém a cabeça desossada de Danton, dizendo: "Como se uma linguagem assim ritualizada só pudesse ter acesso a coisas já mortas e aliviadas do tempo; como se ela não pudesse chegar ao ser das coisas, mas a sua vã repetição e ao duplo onde elas se encontram fielmente sem jamais encontrar aí o frescor de seu ser."[67]

Essa relação entre o procedimento e a problemática da morte aparece no artigo de 64, "Por que se reedita a obra de Raymond Roussel?":[68] "tomar uma frase ao acaso — em uma canção, em um cartaz, em um cartão de visita; reduzi-la a seus elementos fonéticos, e reconstruir com estes outras palavras que devem servir de trama. Todos os milagres microscópicos, todas as vãs maquinarias das *Impressões da África* e de *Locus solus* são apenas produtos de decomposição e de recomposição de um material verbal pulverizado, jogado no ar, e caindo como figuras que se pode dizer, em sentido rigoroso, 'disparatadas'." Mais eis o texto do livro mais importante a esse respeito: "Reconduzida a essa destruição de si própria que é também seu acaso de nascimento, a linguagem aleatória e necessária de Roussel delineia uma estranha figura: como toda linguagem literária ela é destruição violenta da contínua repetição cotidiana, mas se mantém indefinidamente no gesto

---

67 "Dire et voir chez Raymond Roussel", in DE, I, p.213.
68 In DE, I, p.423.

hierático desse assassinato; como a linguagem cotidiana, ela repete sem tréguas, mas essa repetição não tem o sentido de recolher e continuar; ela guarda o que ela repete na abolição de um silêncio que projeta um eco necessariamente inaudível. A linguagem de Roussel se abre desde o início ao já dito, que ela acolhe sob a forma mais desregrada possível do acaso: não para dizer melhor o que nele é dito, mas para submeter sua forma à segunda álea de uma destruição explosiva e, com esses pedaços esparsos, inertes, informes, dar nascimento, deixando no mesmo lugar, à mais inaudita das significações. Em vez de ser uma linguagem que procura começar, é uma figura derivada de palavras já faladas: é a linguagem de sempre trabalhada pela destruição e pela morte. Por isso a recusa de ser original lhe é essencial. Ela não procura encontrar, mas, para além da morte, reencontrar a própria linguagem que ela acaba de massacrar, reencontrá-la idêntica e inteira. Por natureza, ela é repetitiva."[69]

Vê-se que, se um dos invariantes da interpretação que Foucault propõe da linguagem literária é o processo de repetição, a variação característica desse momento em que sua atenção arqueológica estava voltada para a medicina e o nascimento da anátomo-clínica é dada por seu interesse em correlacionar morte e repetição, definindo essa propriedade essencial da linguagem literária como a repetição em que a morte e a vida remetem uma à outra e se colocam em questão,[70] como um desdobramento em que cada palavra é animada e arruinada, preenchida e esvaziada pela possibilidade de que haja uma outra.[71] O que leva Pierre Macherey, comentando o livro de Foucault, e indo provavelmente além do que ele pensava nessa época, a dizer que, ao fazer com o espaço das palavras o que o olhar anatômico de Bichat havia feito com o espaço do corpo, "a literatura tal como foi praticada por Roussel ... nos ensina a ver as coisas do ponto de vista da morte e, deste modo, nos ensina a morrer".[72]

---

69 RR, p.61-2.
70 RR, p.71.
71 RR, p.20.
72 *A quoi pense la littérature*, p.190-1.

O ser da linguagem

Foucault é conhecido por suas fórmulas bombásticas. Na última página de *As palavras e as coisas,* ele sintetiza, com o esplendor e a precisão característicos de seu estilo, o resultado ao mesmo tempo hipotético e provocador da análise que acaba de realizar: "... o homem não é o mais velho problema nem o mais constante que se tenha colocado ao saber humano. O homem é uma invenção cuja recente data a arqueologia de nosso pensamento mostra facilmente. E talvez o fim próximo." E termina o livro explicitando o sentido dessa hipótese final: "Se estas disposições [as disposições da *episteme* moderna que inventou o homem] viessem a desaparecer tal como apareceram, ... pode-se apostar que o homem se desvaneceria, como, na orla do mar, um rosto de areia." Enunciada, portanto, em sua generalidade, a hipótese que *As palavras e as coisas* pretende confirmar é que o homem não é o problema mais antigo nem o mais fundamental existente no campo dos saberes. Apenas as sociedades modernas pensaram especificamente o homem. Não existe, rigorosamente falando, saberes do homem na Grécia antiga, na Idade Média, no Renascimento ou mesmo no Classicismo.

Há uma evidente inspiração nietzschiana nessa idéia de que o homem é uma invenção recente, cujo fim talvez esteja próximo. Pois Nietzsche foi talvez o primeiro filósofo a situar a origem do humanismo justamente nos acontecimentos que estão no início da modernidade: a filosofia de Kant e seu projeto de estabelecer os limites do conhecimento humano, a ciência positiva e sua independência da teologia, a Revolução Francesa e sua defesa das "idéias modernas" de igualdade, liberdade e fraternidade, a arte romântica e sua simpatia pelo que é doentio... Acredito que a hipótese de Foucault de que o homem é uma invenção recente é fundamentalmente inspirada na constatação nietzschiana de que "Deus morreu", isto é, de que a modernidade significa o desaparecimento dos valores absolutos, das essências, do fundamento divino e o aparecimento de valores humanos demasiado humanos. Substituição da autoridade de Deus e da Igreja pela autoridade do homem considerado como consciência ou sujeito; substituição do desejo de eternidade pelos projetos de futuro, de progresso histórico; substituição de uma beatitude celeste por um bem-estar terrestre...

Como se vê, Nietzsche não se interessa apenas por alguns aspectos da cultura moderna ocidental, mas pela modernidade em geral, englobando a ciência, a arte, a filosofia, a política, a religião... Foucault é inspirado por essa idéia, inclusive por seu aspecto crítico; mas sendo também discípulo dos epistemólogos, realiza uma história arqueológica dos saberes metodologicamente bem próxima da história epistemológica. É, então, por esse viés que aborda a questão nietzschiana da morte de Deus e do nascimento do homem, transformando-a num tema bastante preciso, que pode ser assim enunciado: o final do século XVIII e início do XIX, a modernidade, a *episteme* moderna, assinala, ao mesmo tempo, a constituição de uma filosofia do sujeito transcendental e de ciências do objeto empírico, saberes do sujeito e do objeto que ocupam o lugar dos saberes clássicos, dos séculos XVII e XVIII, considerados como saberes filosóficos ou científicos da representação. O que significa dizer que na modernidade, ou melhor, só na modernidade o homem aparece na dupla posição de objeto de conhecimento e de sujeito que conhece, ou como aquilo que é preciso conhecer e aquilo a partir de que é preciso pensar. Eis, sinteticamente, o fio condutor de sua argumentação.

A *episteme* clássica tem como fundamento a representação. O saber clássico não produz propriamente um conhecimento empírico; é uma ordenação de signos que pretende construir um quadro, uma imagem, uma representação do mundo. Assim, a história natural clássica é uma taxonomia: observação e descrição dos seres vivos que privilegia a visibilidade. Ela não se propõe penetrar nos objetos; considera-os unicamente em sua superfície, como se os reduzisse ao que aparece ao olhar, para discernir apenas o que é relevante para a descrição de suas propriedades essenciais, que se localizam em sua estrutura visível. É privilegiando a estrutura que a história natural vai comparar, ordenar, classificar, isto é, confrontar os seres vivos para determinar as vizinhanças, os parentescos, as separações, e estabelecer uma hierarquia classificatória.

Mas o marcante, do ponto de vista da extensão, dessa análise epistêmica de *As palavras e as coisas* é que, segundo ela, a concepção do conhecimento como ordenação, característica da história natural na época clássica, também se encontra na análise das riquezas e na análise dos discursos. A análise das riquezas, em vez do trabalho e da produção, tem como fundamento o comércio e a troca. Para ela, o valor é um signo no sentido em que valer alguma coisa é poder ser substituído por essa coisa no processo da troca. O valor, assim, depende das equivalências e da capacidade que têm as mercadorias de se representarem umas às outras. A análise das riquezas se efetua ao nível da representação, pois é aí que se encontram os signos, e seu objetivo, como o dos outros saberes da época, é realizar uma ordenação por meio dos signos.

É isso também o que se nota na análise clássica do discurso, que considera a linguagem como sendo o próprio pensamento, como sendo apenas o que ela diz, em seu funcionamento representativo, explicando a ligação de um signo ao que ele significa não pelas próprias coisas, ou por um mundo, de onde extrairia seu sentido, e sim pela representação.[1] Na época clássica, a linguagem é a representação se desenrolando, se desdobrando nos signos verbais que a manifestam,[2] isto é, pela ligação, existente no interior do próprio conhecimento entre a idéia de uma coisa e a idéia de outra coisa. É justamente a isso que *As palavras e as coisas* chama discurso: a representação representada por signos verbais, pela seqüência de signos verbais. Na época clássica, a linguagem vale como discurso. A análise clássica do discurso, com suas teorias do verbo, da articulação, das designações e das derivações — o quadrilátero da linguagem clássica, segundo Foucault —, é, por-

1 MC, p.58.
2 MC, p.93.

tanto, o estudo da discursividade da representação, da função representativa da linguagem.

Mas essa concepção do conhecimento como ordenação se encontra até mesmo na filosofia, como mostra a análise das *Regulæ*... de Descartes, que inaugura a concepção do conhecimento como uma relação de ordenação entre idéias simples e complexas, através de uma *mathesis* e uma taxonomia; ou, como também mostra a análise da última das filosofias clássicas, a Ideologia de Destutt de Tracy e de Gerando, que tem como objetivo uma análise geral de todas as formas de representação.

Não existe, portanto, na época clássica — e isso é bastante distinto do que vigorará na modernidade —, uma diferença de nível entre saberes como a história natural, a gramática geral, a análise das riquezas, por um lado, e, por outro, as filosofias. Todos esses saberes são analíticos: ordenações de idéias, de pensamento, de representações. A diferença é apenas de amplitude: enquanto os outros saberes analisam um tipo específico de representação, as filosofias têm por objeto a representação em geral.

A partir do final do século XVIII essa configuração começa a mudar.

No plano dos saberes não filosóficos, o fundamental da mudança situa-se na relação entre o conhecimento e as dimensões de superfície e profundidade ou, mais explicitamente, entre a representação e o objeto. Deixando de privilegiar a representação, o conhecimento torna-se empírico, sintético; seu objeto é uma coisa concreta, não mais ideal, mas real, uma empiricidade, que tem uma existência independente do próprio conhecimento. Idéia que já aparecia, como vimos, no *Nascimento da clínica*, quando Foucault dizia, por exemplo, no prefácio: "No final do século XVIII, ver consiste em deixar a experiência em sua maior opacidade corpórea; o sólido, o obscuro, a densidade das coisas fechadas sobre si próprias têm poderes de verdade que não provêm da luz, mas da lentidão do olhar que os percorre, contorna e, pouco a pouco, os penetra, conferindo-lhes apenas sua própria clareza."[3]

As palavras e as coisas, ao pretender dar conta da constituição histórica dos saberes sobre o homem na modernidade, procurando

3 NC, p.IX-X.

distingui-los dos saberes clássicos, estudará os saberes empíricos sobre a vida, o trabalho e a linguagem — biologia, economia, filologia —, que tematizam o homem como objeto, coisa, empiricidade, como algo apreendido de fora, no que ele é por natureza. A biologia, deslocando o conhecimento do visível para o invisível, da superfície para a profundidade, privilegia o estudo das funções. Não define mais uma organização por uma forma, uma disposição espacial, uma configuração, como fazia a história natural, e sim por sua função. A economia, por sua vez, também estuda o trabalho de maneira bastante diferente da análise das riquezas. Na época clássica, é o comércio e a troca que servem de fundamento à análise das riquezas. Na modernidade, a partir de Ricardo e Marx, é o trabalho, considerado como atividade de produção, que é fonte do valor. A partir do momento em que tem origem no trabalho, o valor deixa de ser um signo, como na economia clássica, quando valer alguma coisa era poder ser substituído no processo da troca. Na economia política moderna, o trabalho é o conceito capaz de explicar a produção, a troca, o lucro. A filologia, terceira ciência empírica estudada por Foucault, estuda a linguagem em sua espessura própria, com "uma história, leis e uma objetividade que só a ela pertencem",[4] para dar conta do ser das línguas, definido por sua estrutura gramatical; a filologia moderna é um conhecimento empírico das formas gramaticais.

Mas que relação existe entre o nascimento dessas ciências empíricas — biologia, economia, filologia — e a problemática do homem na modernidade? A tese de Foucault é que o estudo da vida, do trabalho e da linguagem pelas ciências empíricas tornam o homem, pela primeira vez, objeto de saber. Novidade absoluta da *episteme* moderna, pois, "No pensamento clássico, aquele para quem a representação existe e que nela se representa a si próprio, aí se reconhecendo por imagem ou reflexo, aquele que trama todos os fios entrecruzados da 'representação em quadro' — jamais se encontra nela presente",[5] "o homem, como realidade espessa e primeira, como objeto difícil e sujeito soberano de todo conheci-

4 MC, p.309.
5 MC, p.319.

mento possível, não tem nenhum lugar nela".[6] Agora, estudar esses objetos empíricos é estudar o homem. Eles o requerem, na medida em que o homem é meio de produção, se situa entre os animais e possui linguagem. Mas esses objetos também o determinam, na medida em que a única maneira de conhecer o homem empiricamente é através desses conteúdos do saber. E, então, desponta na análise de *As palavras e as coisas* uma determinação importante dessa tese: a dependência do homem com relação aos objetos empíricos significa que, através deles, ele se descobre como ser finito. "A finitude do homem se anuncia — e de maneira imperiosa — na positividade do saber; sabe-se que o homem é finito como se conhece a anatomia do cérebro, o mecanismo dos custos de produção ou os sistemas da conjugação indo-européia."[7] Quer dizer, sabe-se que o homem é finito pela biologia, pela economia, pela filologia. Assim, enquanto a *episteme* clássica, idade da representação, pensa a finitude como negatividade,[8] limite, realidade segunda, subordinada ao infinito, a modernidade, idade do homem, tem uma dimensão antropológica que já se manifesta ao nível dos saberes empíricos, conferindo positividade à finitude.

A melhor maneira de compreender essa problemática é através de uma noção nova introduzida pelos saberes modernos: a temporalidade ou a historicidade. Uma das principais características das ciências empíricas é produzir um conhecimento histórico. A partir do século XIX, a história tornou-se o modo de ser fundamental do que é empírico, do que é dado à experiência, impondo suas leis ao conhecimento da produção, dos seres orgânicos, dos grupos lingüísticos. A economia — ao instaurar uma acumulação em série, ou uma série causal do trabalho em que o resultado de um trabalho é aplicado a um novo trabalho, do qual ele define o custo, e esse novo trabalho entra na formação de um valor etc. —[9] faz surgir um tempo histórico que é o tempo em que se sucedem os diversos modos de produção, o tempo das produções sucessivas. A biologia — e não só com o evolucionismo de Darwin, onde isso aparece

---

6 MC, p.321.
7 MC, p.267.
8 NC, p.200.
9 Cf. MC, p.267.

com mais evidência, mas desde Cuvier, geralmente considerado um biólogo fixista, defensor da imobilidade das coisas —[10] pensa a vida com as condições que lhe permitem ter uma história, na medida em que desfaz a subordinação do tempo à ordem hierárquica ou classificatória das representações que vigorava na história natural clássica. A filologia, ao desalojar as línguas do espaço comum das representações, espaço que permitia ligá-las sem ruptura a uma origem única, o que explica o desinteresse da época clássica pelas filiações cronológicas, torna possível o aparecimento da heterogeneidade temporal dos sistemas gramaticais, pelo estudo da evolução individual das línguas e da rede de suas filiações ou de seus parentescos históricos, como diz Foucault no início de sua introdução à *Gramática* de Arnauld e Lancelot. Assim, por exemplo, quando se pesquisam as etimologias, o fio condutor deixa de ser a constância das significações, para se tornar as transformações materiais da palavra.[11]

É, portanto, constitutivo da modernidade não apenas as coisas terem sido historicizadas pelo conhecimento empírico; como também não haver, ao nível dos saberes empíricos, uma historicidade homogênea, comum a essas atividades humanas que são a vida, o trabalho e a linguagem: cada uma delas tem seu modo próprio de história. A evolução, os modos de produção, as formas e usos da linguagem atestam a existência de temporalidades heterogêneas e sem nenhuma subordinação entre si.

Mas isso não é tudo, nem mesmo o mais fundamental. É que o nascimento das ciências empíricas, que cria o homem como um fato, um objeto, uma empiricidade, como um ser finito situado na história, no tempo, é coetâneo do nascimento de um novo tipo de filosofia em que o homem aparece como fundamento, ou melhor, como condição.

Mas seria isso uma novidade da *episteme* moderna? A filosofia de Descartes, por exemplo, já não levantaria a questão do modo de ser do homem? A posição de Foucault é clara a esse respeito. Como mostra um trecho do livro que, aludindo a Descartes, explicita a incompatibilidade entre homem e representação: "O discurso que, no século XVII, ligou o 'Eu penso' e o 'Eu sou' daquele

---

10 Cf. MC, p.287.
11 Cf. MC, p.125.

que o empreendia — esse discurso permaneceu, sob uma forma visível, a própria essência da linguagem clássica, pois o que nele se articulava, de pleno direito, eram a representação e o ser. A passagem do 'Eu penso' ao 'Eu sou' realizava-se sob a luz da evidência no interior de um discurso cujo domínio e cujo funcionamento consistiam por inteiro em articular, um ao outro, o que se representa e o que se é. Não há, pois, que objetar a essa passagem nem que o ser em geral não está contido no pensamento, nem que este ser singular tal como é designado pelo 'Eu sou' não foi interrogado nem analisado por si próprio. Ou antes, essas objeções podem realmente nascer e fazer valer seu direito, mas a partir de um discurso que é profundamente outro e que não tem por razão de ser o liame entre a representação e o ser; só uma problemática que contorne a representação poderá formular semelhantes objeções. Mas, enquanto durou o discurso clássico, uma interrogação sobre o modo de ser implicado pelo *Cogito* não podia ser articulada."[12]

É, sem dúvida, a partir desse texto que, em sua "Nota sobre a fenomenologia em *As palavras e as coisas*", Gérard Lebrun defende que a fenomenologia não compreendeu a natureza do discurso clássico, por lê-lo como uma filosofia transcendental latente, em potência. E sua argumentação a esse respeito deixa mais uma vez clara a incompatibilidade entre homem e representação: "Não se deve, portanto, dizer que Descartes deixou escapar o motivo transcendental no momento em que o tinha a seu alcance ... Não tem sentido lamentar que Descartes tenha perdido o *ego* transcendental, pois ele estava bem longe de podê-lo pressentir: 'naquele tempo' o *Cogito* só podia aparecer como o primeiro anel da cadeia das razões. Também não tem sentido realçar, com Merleau-Ponty, a abstração e a insuficiência do *Cogito* cartesiano ... Não tem sentido, finalmente, pensar o Deus dos clássicos como um *kosmotheôros,* que o 'pensamento de sobrevôo' teria forjado em razão de sua falta de radicalidade: quando *todas as coisas* devem necessariamente encontrar seu lugar no interior da Representação, é preciso que a finitude delas — e, em primeiro lugar, a do ser humano — seja medida por uma perfeição infinita.

12 MC, p.322-3; ver ainda p.335.

Em vez de ser uma solução de facilidade, a teologia era parte integrante do sistema da Representação."[13]

O limiar da modernidade na filosofia não é propriamente Descartes: é Kant.[14] E a razão disso é ele ter inaugurado uma filosofia que procura explicar a possibilidade de conhecer os objetos através de uma submissão necessária dos objetos ao sujeito humano. Descobrindo um campo transcendental, fundando o conhecimento no sujeito transcendental, no sujeito humano considerado como constituinte do objeto, como condição de possibilidade, Kant inaugura uma filosofia crítica independente e antagônica de uma metafísica da representação e do ser que caracterizou a filosofia clássica de Descartes até os Ideólogos do século XVIII, uma filosofia que questiona a representação a partir de seus próprios limites, uma filosofia que é uma analítica e não uma análise, uma reflexão sobre as condições do conhecimento cujo lugar está fora do quadro das identidades e das diferenças,[15] uma reflexão sobre as condições da representação. Com Kant, "é a análise do sujeito transcendental que extrai o fundamento de uma síntese possível entre as representações".[16]

O essencial na Crítica kantiana é o aparecimento de um sujeito que só dispõe de um conhecimento *a priori* na medida em que não tem intuição intelectual, na medida em que é finito. E Foucault efetivamente caracteriza o sujeito transcendental kantiano como finito porque não tem intuição intelectual, bem na linha, inclusive, da interpretação heideggeriana de Kant que salienta que "a finitude do conhecimento humano deve ser procurada, antes de tudo, na finitude da intuição que lhe é particular", intuição derivada, receptiva, sensível.[17]

---

13 "Note sur la phénoménologie dans *Les mots et les choses*", in *Michel Foucault philosophe*, p.37-8.

14 Ao considerar, em uma resenha de *A filosofia das luzes*, de Cassirer, o neo-kantismo como "a impossibilidade em que se encontrou o pensamento moderno de ultrapassar o corte estabelecido por Kant" e "a injução incessantemente repetida de reavivar esse corte", Foucault diz que "neste sentido, nós somos todos kantianos". "Une histoire restée muette", DE, I, p.546.

15 Cf. Gerard Lebrun, op. cit., p 41.

16 MC, p.256.

17 Martin Heidegger, *Kant et le problème de la métaphysique*, p.86, 87.

A partir de então, conhecer não é mais sinônimo de representar. Não basta mais uma representação para formar um conhecimento. Para haver conhecimento, além de uma representação propriamente dita, uma representação intelectual, conceitual, é necessário que o fenômeno, a diversidade sensível, se apresente ao sujeito como uma intuição sensível. O conhecimento é sintético: é a síntese de uma representação intelectual e uma representação — ou talvez seja mais esclarecedor dizer uma apresentação — sensível espaço-temporal. Diferentemente de quando conhecer era representar, já não se pode conhecer tudo: Deus, a alma, a totalidade do mundo. O conhecimento é limitado. Os limites do conhecimento humano — porque o homem só pode conhecer o que é sensível — fundam agora a possibilidade do saber.[18] E é a filosofia, considerada como crítica transcendental, que, através de uma análise do sujeito transcendental, extrai o fundamento dessa síntese possível.[19]

Vemos a diferença da modernidade em relação à época clássica, quando filosofia e ciência se distinguiam pela universalidade ou particularidade das idéias analisadas, mas se situavam ambas no nível da representação. Com Kant, tanto a filosofia quanto a ciência escapam da representação; mas se situam em níveis diferentes, se desnivelam, com duas tarefas diferentes: a ciência diz respeito ao objeto, à empiricidade; a filosofia, ao sujeito, ao fundamento transcendental do conhecimento; é uma reflexão sobre as condições de possibilidade de todo conhecimento; uma analítica de tudo o que pode se dar em geral à experiência do homem.[20] Eis a invenção moderna do homem como sujeito e objeto do conhecimento. Como objeto, como fato, nas sínteses empíricas; como sujeito, como condição, na analítica transcendental.

Kant significa para Foucault o limiar de nossa modernidade. Só que essa posição é explicitada de duas perspectivas diferentes. Por um lado, na perspectiva de uma análise voltada para estabelecer tanto ao nível das ciências quanto da filosofia "os limites da representação", Kant é considerado como tendo introduzido, ou mais precisamente sancionado, a ruptura que funda nossa moder-

---

18 Cf. MC, p.327.
19 Cf. MC, p.256.
20 MC, p.352.

nidade por ter sido o primeiro a interrogar criticamente a representação clássica a partir de seus limites, ao levantar a questão de suas condições de possibilidade, do *a priori* que as torna possível. Neste sentido, Foucault ressalta a distinção entre os níveis empírico e transcendental operada na *Crítica da razão pura*,[21] visto que, para Kant, o sujeito, que não é empírico, jamais é dado à experiência. Diferentemente, por exemplo, de Deleuze, que, dois anos depois, em *Diferença e repetição*, retomando possivelmente uma crítica de Husserl, assinala uma ambiguidade na *Crítica da razão pura*, ao considerar que, nesse livro, Kant, ao mesmo tempo que descobriu o transcendental, o decalcou sobre os atos empíricos de uma consciência psicológica.[22]

Por outro lado, Kant, olhado na perspectiva das filosofias que se constituem em decorrência da ruptura que ele estabelece, também é, para Foucault, aquele que formulou a questão antropológica — "o que é o homem?". E, a esse respeito, dá como exemplo a *Lógica*, quando retoma as três questões contidas no interesse da razão — a questão teórica "o que posso saber?", objeto da metafísica; a questão prática "o que devo fazer?", objeto da moral; a questão teórica e prática "o que me é permitido esperar?", objeto da religião —, formuladas na *Crítica da razão pura*, fazendo-as convergir para uma quarta — "o que é o homem", — objeto da antropologia.[23] E Foucault não faz essa afirmação como uma crítica a Kant, porque, se para ele essa questão opera a confusão do empírico e do transcendental, esta confusão, embora diga

---

21 Cf., por exemplo, MC, p.352.

22 Eis o texto de Deleuze em que estou pensando: "De todos os filósofos, foi Kant quem descobriu o prodigioso domínio do transcendental ... No entanto, o que fez ele? Na primeira edição da *Crítica da razão pura*, descreve detalhadamente três sínteses que medem a respectiva contribuição das faculdades pensantes, culminando todas na terceira, a da recognição, que se exprime na forma do objeto qualquer como correlato do Eu penso, ao qual todas as faculdades se reportam. É claro, assim, que Kant decalca as estruturas ditas transcendentais sobre os atos empíricos de uma consciência psicológica: a síntese transcendental da apreensão é diretamente induzida de uma apreensão empírica etc. É para ocultar um procedimento tão visível que Kant suprime esse texto na segunda edição. Melhor ocultado, o método do decalque não deixa, todavia, de subsistir, com todo seu psicologismo" (*Différence et répétition*, p.176-7).

23 Cf. MC, p.352. Sobre as formulações kantianas, cf. *Crítica da razão pura*, tr. fr. p.543; *Lógica*, tr. fr., p.25.

respeito à antropologia, é posterior a Kant. Por isso, ao assinalar que a antropologia teve um papel constituinte no pensamento moderno e que Kant viu bem que as sínteses empíricas devem ser fundadas na finitude do homem, como mostra a questão "O que é o homem?", Foucault afirma logo a seguir: "Essa questão, como se viu, percorre o pensamento desde o início do século XIX: é que ela opera, furtiva e previamente, a confusão entre o empírico e o transcendental, cuja distinção, porém, Kant mostrara." E se não há contradição com a afirmação, feita no mesmo item do livro, de que "a Antropologia talvez constitua a disposição fundamental que comandou e conduziu o pensamento filosófico desde Kant até nós" é porque a antropologia não implica necessariamente a confusão que Foucault pretende denunciar. Embora possa se constituir como um perigo a esse respeito.

O fato de *As palavras e as coisas* considerar Kant privilegiando os projetos diferentes de constituição de uma crítica e de uma antropologia já pode tornar difícil a compreensão de sua posição. Mas a principal dificuldade de se apreender com clareza a posição de Foucault no livro é essa ambivalência de sentido do termo antropologia que ele detecta, mas praticamente não explicita.

Em uma entrevista de 65, intitulada "Filosofia e psicologia", em que afirma que a finitude, ao ser pensada independentemente do infinito, traz a possibilidade ou o perigo de uma antropologia, Foucault define a antropologia como a "estrutura filosófica que faz com que os problemas da filosofia estejam hoje alojados no domínio do que se pode chamar a finitude humana".[24] Retomando essa idéia, a definição de *As palavras e as coisas* é ainda mais elucidativa de sua crítica da filosofia moderna como confusão do empírico e do transcendental que a transforma em um pensamento antropológico, em uma analítica do homem ou da finitude: "um modo de pensamento em que os limites de direito do conhecimento (e por conseguinte de todo saber empírico) são, ao mesmo tempo, as formas concretas da existência, tais como elas se dão no próprio saber empírico".[25] Esse é o sentido principal que tem a palavra antropologia no livro, de confusão do empírico e do

---

24 In DE, I, p.439.
25 MC, p.261.

transcendental, sentido que Foucault considera como decorrência ou conseqüência perigosa de um primeiro sentido, estabelecido por Kant. O que o leva, a meu ver, à conclusão de que, embora Kant mantenha a distinção do empírico e do transcendental, é origem da confusão posterior que faz do conhecimento empírico sobre o homem campo filosófico possível para a descoberta do fundamento e dos limites do conhecimento.

Como esclarecer essa idéia? A melhor maneira é mostrar que essa posição de *As palavras e as coisas* a respeito da caracterização da filosofia moderna, inclusive do kantismo, como uma antropologia não é nova no pensamento de Foucault. Na verdade, ela retoma posições assumidas em pelo menos dois escritos anteriores, que podem, por isso, tornar mais claro seu pensamento a respeito de Kant nessa última etapa de sua pesquisa arqueológica. Um é o texto sobre Bataille, onde, depois de afirmar que Kant abriu a possibilidade de um pensamento da finitude e do ser, como o de Nietzsche, considera que ele a encerrou na questão antropológica, à qual acabou por referir a questão crítica, possibilitando assim o pensamento dialético posterior, com seu jogo da contradição e da totalidade.[26] O outro, do qual Foucault, em *As palavras e as coisas*, às vezes com frases quase idênticas, extrai algumas conclusões, é a sua tese complementar sobre a *Antropologia do ponto de vista pragmático*, de Kant. Aí, diferentemente da rápida referência a Kant do "Prefácio à transgressão", onde um pouco apressadamente, talvez para ressaltar a novidade e a importância de Nietzsche, assimila Kant aos pós-kantianos, Foucault se mostra mais receptivo a seu pensamento, a ponto de se perguntar, aludindo a Nietzsche, que cegueira impediu de ver que um filosofar autêntico estava novamente presente em um pensamento que talvez nem tenha notado sua filiação e sua fidelidade ao "chinês de Königsberg", que é uma das maneiras como Nietzsche se referia a Kant.

A meu ver, a tese defendida pela *Introdução à antropologia de Kant*, a esse respeito, embora isso também não apareça muito claramente no texto, é que, apesar da ambigüidade ou da tensão existentes entre os níveis empírico e transcendental tanto nas antropologias científicas da época quanto nas antropologias filo-

26 "Preface à la transgression", in DE, I, p.239.

sóficas pós-kantianas, há, na concepção que Kant se faz da antropologia, distinção entre os dois níveis. Em relação às pesquisas antropológicas da época, Foucault propõe que sua estrutura epistemológica se "equilibra" em torno da essência humana (*Menschenwesen*), quer dizer, ao mesmo tempo, o ser natural do homem, a lei de suas possibilidades e o limite *a priori* de seu conhecimento. O que o leva à seguinte conclusão: "A antropologia será, portanto, não apenas ciência do homem, e horizonte de toda ciência do homem, mas ciência do que funda e limita para o homem seu conhecimento. É aí que se oculta a ambigüidade desta *Menschen-Kenntniss* pela qual se caracteriza a antropologia: ela é conhecimento do homem, em um movimento que o objetiva, ao nível de seu ser natural e no conteúdo de suas determinações animais; mas ela é conhecimento do conhecimento do homem, em um movimento que interroga o sujeito sobre si próprio, sobre seus limites e sobre o que ele autoriza no saber que dele se adquire."[27] Sua questão é a da possibilidade de um conhecimento empírico, positivo, do homem. Em relação às antropologias filosóficas pós-kantianas, Foucault denuncia que se quis fazer da antropologia uma crítica, considerando-a como "o campo de positividade onde todas as ciências humanas encontram seu fundamento e sua possibilidade",[28] isto é, remetendo a crítica a uma região empírica, a um domínio de fatos, que situa o transcendental no campo do natural, do homem tal como ele é dado na experiência. O contra-senso das filosofias pós-kantianas é tomar uma reflexão antropológica sobre o homem como ponto de partida.

Diferentemente dessas posições, a postura de Kant — que diz respeito basicamente à relação entre a *Antropologia*, publicada em 1798, e a *Crítica da razão pura*, cuja primeira edição é de 1781 e a segunda, de 1787 —, consiste no seguinte: Se a *Antropologia* não diz nada que a *Crítica* não diga, isto é, tem a pretensão de conhecer as possibilidades e os limites do conhecimento, ela imita externa e empiricamente a *Crítica*. Constituindo-se como uma doutrina sistemática do conhecimento empírico do homem, como "um conhecimento do homem como *cidadão do mundo*", como

27 *Introduction à l'anthropologie de Kant*, p.118.
28 Ibid., p.123.

diz Kant no "Prefácio" do livro, ela não pode por conseguinte fundar-se sobre si-própria e tem necessidade de referir-se à *Crítica*. Neste sentido, a *Antropologia*, que visa a uma imagem concreta do homem, do homem residindo no mundo, do homem "tomado nas sínteses já operadas de sua ligação com o mundo",[29] repete a *Crítica*, subordinando-se a ela. Eis o trecho da tese mais elucidativo de sua posição a respeito do pensamento antropológico de Kant. "De fato, no momento em que se acredita fazer valer o pensamento crítico ao nível de um conhecimento positivo, esquece-se o que havia de essencial na lição dada por Kant. A dificuldade em situar a antropologia em relação ao conjunto crítico deveria ter bastado para indicar que esta lição não é simples. Ela diz, em todo caso, que a empiricidade da antropologia não pode se fundar sobre si mesma; que ela só é possível como repetição da crítica; que ela não pode, portanto, englobar a crítica; mas que ela não poderia deixar de a ela se referir; e que, se ela figura como seu *analogon* empírico e externo, é na medida em que ela se baseia nas estruturas do *a priori* já nomeadas e atualizadas. A finitude, na organização geral do pensamento kantiano, jamais pode se refletir ao nível de si mesma; ela só se dá ao conhecimento e ao discurso de um modo derivado; mas aquilo a que ela é obrigada a se referir não é uma ontologia do infinito; são, em sua organização de conjunto, as condições *a priori* do conhecimento. Isto quer dizer que a antropologia estará duplamente submetida à crítica: como conhecimento, às condições que ela fixa e ao domínio de experiência que ela determina; como exploração da finitude, às formas primeiras e insuperáveis que a crítica manifesta a seu respeito."[30]

Apesar da dificuldade que há em seguir sua argumentação ao longo da *Introdução*, a posição de Foucault é clara: querer realizar um conhecimento positivo como pensamento crítico é esquecer a lição de Kant. E se essa lição encerra um perigo, ele se encontra no fato de que, por ocupar um lugar de passagem ou uma posição intermediária entre a crítica, domínio do *a priori* — e que é uma propedêutica —, e a filosofia transcendental, domínio do fundamental, a antropologia, ciência empírica do homem, inserida com

---

29 Ibid., p.3, p.43
30 Ibid., p.120.

todo direito no trajeto da filosofia para ela mesma, embora, para Kant, só possa dar acesso ao fundamental se permanecer obediente à crítica, foi pensada pelas filosofias pós-kantianas como crítica.

Partindo daí, o fundamental da crítica da filosofia realizada em *As palavras e as coisas* aparece quando Foucault se propõe mostrar como, em decorrência da filosofia kantiana, se constituem, na modernidade, filosofias como o positivismo, a dialética e a própria fenomenologia — a qual, mesmo pretendendo ser uma crítica das primeiras, faz parte da mesma rede epistêmica de necessidade — que não mais se mantêm fiéis à exigência transcendental da crítica. Georges Canguilhem define a posição do livro como sendo a "impugnação do fundamento que certos filósofos crêem encontrar na essência ou na existência do homem."[31] O que significa isso exatamente? A impugnação de um fundamento antropológico para o pensamento filosófico, ou, mais explicitamente, que a principal crítica feita por Foucault à filosofia moderna consiste em explicitar de que modo ela não consegue manter a distinção entre o empírico e o transcendental, ao tomar o homem das ciências empíricas, o homem que nasceu com a vida, o trabalho e a linguagem, como fundamento da reflexão filosófica. A análise dos temas que definem o modo de ser do homem na modernidade — a finitude, o transcendental, o *cogito*, o originário —, a análise da configuração antropológica da filosofia moderna expressa por esse quadrilátero antropológico leva Foucault à conclusão da existência de uma circularidade ou, mais precisamente, de um círculo vicioso na relação entre o transcendental e o empírico, no sentido em que a filosofia, que se quer uma reflexão transcendental, mistura, confunde, justapõe, superpõe os dois níveis ao tornar o transcendental uma reduplicação, uma repetição filosófica do empírico descoberto pelas ciências, sem poder, portanto, se desvencilhar de suas baixas origens.

Daí por que Foucault caracteriza o homem que a filosofia estabelece como fundamento de sua reflexão como um "duplo empírico-transcendental", o seu postulado antropológico. Daí também por que ele afirma que o limiar de nossa modernidade foi a

---

31 Georges Canguilhem, "Mort de l'homme ou épuisement du Cogito?", *Critique*, nº242, julho de 1967.

constituição do duplo empírico-transcendental chamado homem,[32] depois de haver dito que a crítica kantiana assinala o limiar de nossa modernidade, em um capítulo do livro intitulado "Os limites da representação", que pretende salientar, tanto no campo das ciências quanto da filosofia, a singularidade desse final do século XVIII no âmbito da episteme moderna. O motivo dessa aparente contradição é seu desejo de ressaltar que a continuidade entre os dois momentos não é total, no sentido em que Kant, ao criticar a representação a partir do transcendental, abria a perigosa possibilidade ao antropologismo da filosofia moderna, mas não se identifica ou se confunde com ele.

O que Foucault, portanto, critica na filosofia moderna são, para usar uma formulação da tese sobre a antropologia de Kant, as antropologias filosóficas que se dão como acesso natural ao fundamental. E a expressão "analítica da finitude", de *As palavras e as coisas*, designa justamente uma forma de pensamento em que "o ser do homem poderá fundar em sua positividade todas as formas que lhe indicam que ele não é infinito".[33]

Qual é, então, a relação entre a filosofia moderna e a problemática da finitude? A tese de Foucault a esse respeito é que, com a filosofia moderna, tem-se o aprofundamento da finitude que se anunciava no nível empírico. Isso porque a finitude do homem nos saberes empíricos sobre a vida, o trabalho e a linguagem, por se apresentar como algo instável, ilimitado, indefinido, ainda permite que se pense em sua superação em um tempo futuro mais perfeito. Talvez a evolução das espécies — evolução que é a forma própria de historicidade da biologia, quando esta acaba com a subordinação do tempo à ordem classificatória das representações, que vigorava na história natural clássica — não tenha acabado; talvez novos modos de produção — no tempo das produções sucessivas característico da economia — acabem com o trabalho alienado; talvez sistemas simbólicos puros dissolvam a opacidade das linguagens até agora existentes.[34] O aprofundamento a que se refere Foucault significa que essa finitude que se manifesta nas

---

32 MC, p.329-30.
33 MC, p.326.
34 Cf. MC, p.325.

empiricidades a partir do exterior, como finitude natural, histórica, objetiva, dominada pelas determinações da vida, do trabalho e da linguagem, de onde não está eliminada a idéia de sua superação, é, na filosofia, uma finitude radical, fundamental, porque atinge a própria consciência do homem e assinala ao conhecimento suas formas limitadas. Além de o homem ser determinado como finito pelos saberes empíricos, é o homem como ser finito que dá a toda determinação a possibilidade de aparecer em sua verdade fundamental.[35]

Para salientar esse duplo nível da problemática do homem, que diz respeito tanto à ciência quanto à filosofia, Foucault afirma que o limiar da modernidade foi atingido quando a finitude foi pensada a partir de uma referência interminável a si própria.[36] Como lembra Deleuze em seu livro sobre Foucault: "Que a finitude seja constituinte, o que pode haver de mais ininteligível para a idade clássica?[37] Ou como explicita Lebrun, ao examinar a crítica da fenomenologia existente em *As palavras e as coisas:* o pensamento moderno deixou de operar com o conceito de finitude negativa, dos clássicos — "finitude como soma de minhas imperfeições, distância com relação ao Ser infinitamente perfeito..." —, substituindo-o por uma finitude positiva e fundadora, familiar ao leitor de Merleau-Ponty.[38] O homem, como sujeito finito, toma o lugar de Deus. A finitude deixa de ser definida a partir da infinitude da presença divina, como "inadequação ao infinito", "relação negativa com o infinito", para ser pensada interminavelmente a partir dela mesma.[39] A morte de Deus, suprimindo da existência do homem o "limite do Ilimitado", transforma a finitude no "reino ilimitado do Limite", já dizia o artigo sobre Bataille.[40]

É interessante assinalar que na entrevista de 1965, "Filosofia e psicologia", Foucault ressalta a importância de Kant nessa transformação: "Até o final do século XVIII, isto é, até Kant, toda reflexão

---

35 Idem.
36 MC, p.329.
37 *Foucault*, p.134.
38 "Note sur la phénoménologie dans *Les mots et les choses,* in op. cit., p.43-4.
39 MC, p.327.
40 "Préface à la transgression", in DE, I, p.235.

sobre o homem é uma reflexão segunda com relação a um pensamento que é primeiro, o pensamento do infinito. Tratava-se sempre de responder a questões como estas: sendo dado que a verdade é o que ela é, ou que a matemática ou a física nos ensinaram tais e tais coisas, como se faz que percebamos como percebemos, que conheçamos como conhecemos, que nos enganemos como nos enganamos? A partir de Kant se dá a virada, isto é, não é a partir do infinito ou da verdade que se vai colocar o problema do homem como uma espécie de *sombra projetada;* desde Kant, o infinito não é mais dado, só existe a finitude, e é neste sentido que a crítica kantiana trazia consigo a possibilidade — ou o perigo — de uma antropologia." E logo depois ele enuncia sua posição a respeito da destruição da criticidade da filosofia, resultante desse perigo: "é preciso acordar desse sono antropológico como outrora se acordou do sono dogmático".[41]

Vimos como a idéia de que o homem é uma invenção recente tem uma inspiração nietzschiana. Acredito também que a hipótese de que o homem talvez tenha um fim próximo seja fundamentalmente inspirada na aposta nietzschiana na morte do homem, depois de este ter pretendido ocupar na modernidade o lugar de Deus, preenchendo o vazio deixado por seu desaparecimento. Há quatro momentos primorosos de *As palavras e as coisas* em que a aposta na possibilidade de desaparecimento do homem "como, na orla do mar, um rosto de areia", das últimas palavras do livro, já é feita, evidenciando o quanto sua radicalidade crítica se deve ao martelo de Nietzsche.

O primeiro situa Nietzsche em relação ao tema do fim da história, advindo da economia: Nietzsche, diz Foucault, "retomou o fim dos tempos para fazer dele a morte de Deus e a errância do último homem; retomou a finitude antropológica, mas para propiciar o salto prodigioso do super-homem: retomou a grande cadeia contínua da História, mas para curvá-la no infinito do retorno. A morte de Deus, a iminência do super-homem, a promessa e o terror do grande ano bem que podem retomar como que termo a termo os elementos que se dispõem no pensamento do século XIX e formam sua rede arqueológica, no entanto, não é

41 "Philosophie et psychologie", in DE, I, p.446.

menos certo que inflamam todas essas formas estáveis, que desenham com seus restos calcinados rostos estranhos, talvez impossíveis; e, em uma luz da qual ainda não se sabe ao certo se reaviva o último incêndio ou se indica a aurora, vê-se abrir-se o que pode ser o espaço do pensamento contemporâneo. Foi Nietzsche, em todo caso, quem quebrou, por nós e antes mesmo que fôssemos nascidos, as promessas mescladas da dialética e da antropologia.[42]

O segundo momento situa Nietzsche ainda mais explicitamente em relação à filosofia: "A verdadeira contestação do positivismo e da escatologia não está em um retorno ao vivido (que, na verdade, antes os confirma, enraizando-os); se essa contestação pudesse se exercer, seria a partir de uma questão que, sem dúvida, parece aberrante, de tal modo está em discordância com o que tornou historicamente possível todo o nosso pensamento. Essa questão consistiria em perguntar se realmente o homem existe. Acredita-se que é formular um paradoxo supor, por um só instante, o que poderiam ser o mundo, o pensamento e a verdade se o homem não existisse. É que estamos tão ofuscados pela recente evidência do homem que sequer guardamos em nossa lembrança o tempo, todavia pouco distante, em que existiam o mundo, sua ordem, os seres humanos, mas não o homem. Compreende-se o poder de abalo que pôde ter, e que conserva ainda para nós, o pensamento de Nietzsche, quando anunciou, sob a forma de acontecimento iminente, de Promessa-Ameaça, que logo não mais haveria o homem — e sim o super-homem... A nós que nos acreditamos ligados a uma finitude que só a nós pertence e que nos dá acesso, pelo conhecimento, à verdade do mundo, não deveria ser lembrado que estamos atados ao dorso de um tigre?",[43] pergunta Foucault, em possível alusão ao dionisíaco nietzschiano, apresentado em "Verdade e mentira no sentido extramoral" como "um fundo implacável, ávido, insaciável e assassino".[44]

O terceiro momento vê em Nietzsche o primeiro esforço de desenraizamento do pensamento antropológico moderno, situando-o como um farol para a filosofia contemporânea: "através de

---

42 MC, p.275.
43 MC, p.332-3.
44 *Obras filosóficas completas*, tr. fr., p.274; Os Pensadores, p.54.

uma crítica filológica, através de uma certa forma de biologismo, Nietzsche encontrou o ponto em que o homem e Deus se pertencem um ao outro, o ponto em que a morte do segundo é sinônimo do desaparecimento do primeiro e em que a promessa do superhomem significa antes de tudo a iminência da morte do homem. Propondo-nos esse futuro ao mesmo tempo como termo e como tarefa, Nietzsche marca o limiar a partir do qual a filosofia contemporânea pode recomeçar a pensar; ele continuará sem dúvida por muito tempo a orientar o seu curso. Se a descoberta do Retorno é realmente o fim da filosofia, então o fim do homem é o retorno do começo da filosofia."[45]

O quarto momento, finalmente, retoma, nas últimas páginas do livro, essa relação intrínseca entre Deus e homem, e do eterno retorno e do desaparecimento do homem, assumindo a radicalidade da visão e da proposta de Nietzsche, para esclarecer que a questão atual não é mais a ausência ou a morte de Deus, como no início da modernidade, mas o fim do homem, a transformação da finitude do homem em seu fim. "Mais do que a morte de Deus, ou antes, no rastro dessa morte e em uma correlação profunda com ela, o que anuncia o pensamento de Nietzsche é o fim de seu assassino; é o esfacelamento do rosto do homem no riso e o retorno das máscaras; é a dispersão do profundo curso do tempo, pelo qual ele se sentia transportado e de cuja pressão ele suspeitava no próprio ser das coisas; é a identidade do Retorno do Mesmo e da absoluta dispersão do homem."[46]

Parece-me inegável que, filosoficamente, a aposta que faz Foucault no fim do homem, do humanismo, do sono antropológico tem como base a "grande suspeita" que Nietzsche ousou sobre o seu próprio século, Nietzsche que, em vez de ser estudado como um peixe nas águas do século XIX, como foi o caso de Marx, em vez de ser situado na rede de necessidade constituinte da *episteme* moderna, é utilizado por Foucault como analista e diagnosticador não apenas de seu próprio presente, mas ainda de nossa atualidade. Quem mais senão Nietzsche e os escritores franceses impregnados de seu pensamento como Klossowski e Blanchot po-

---

45 MC, p.353.
46 MC, p.396-7.

deriam ter sugerido a Foucault que a morte de Deus perpetrada pelo niilismo da modernidade só se completará quando significar não o aparecimento, mas o desaparecimento do homem? Se a idéia de homem pretendeu funcionar no século XIX humanista como a idéia de Deus havia funcionado na época clássica metafísica, se o homem considerado como sujeito de sua própria consciência e de sua própria liberdade é apenas e fundamentalmente uma metamorfose de Deus, Foucault ansiava pela criação de um mundo em que esse primado do homem tivesse desaparecido, ansiava pela criação de um homem que não tivesse mais nenhuma relação com esse Deus de que ele é a imagem.[47] Retomando a idéia final de sua tese sobre a *Antropologia* de Kant, que formula o alvo filosófico de sua pesquisa, eu diria que sua ousadia em dar um basta à proliferação de discursos sobre o homem foi sua contribuição de filósofo e historiador dos saberes — de arqueólogo — para que à questão kantiana "o que é o homem?" seja finalmente dada a resposta nietzschiana que ao mesmo tempo a recusa e a desarma: o super-homem.

Foi esse projeto de libertação do humanismo ou do estatuto privilegiado do homem na modernidade que fez Foucault considerar Althusser, Lévi-Strauss, Dumézil ou Lacan pensadores marcantes de nossa época.[48] Foi também esse motivo que o fez enaltecer a literatura moderna, a literatura a partir de Chateaubriand, Sade, Hölderlin, Mallarmé... até Bataille, Klossowski, Blanchot. E entre os "signos altaneiros" de seu trabalho cotidiano, como é dito na *Ordem do discurso*, esses últimos autores, na verdade os grandes introdutores na França de um estilo nietzschiano de pensamento, podem inclusive ser considerados, e o próprio Foucault o reconhece, os responsáveis por sua leitura de Nietzsche, causadora de sua ruptura com o hegelianismo e a fenomenologia. É assim que, entrevistado pelo japonês Moriaki Watanabe, especialista em teatro e literatura francesa, Foucault ressalta, em 1978, a importância que tiveram para ele Bataille, Klossowski e Blanchot por fazê-lo escapar da fascinação hegeliana e do privilégio do sujeito no pensamento moderno, assinalando que Nietzsche foi

47 "Foucault répond à Sartre", in DE, I, p.664.
48 Cf. "Sur les façons d'écrire l'histoire", in DE, I, p.585, 587.

um dos poucos, no século XIX, a situar o problema do sujeito em termos não-cartesianos.[49] Além disso, em entrevistas dos anos 80, Foucault reconhecerá não só que Nietzsche, Blanchot e Bataille permitiram que ele se libertasse de Hegel e da fenomenologia, como também que leu Nietzsche por causa de Bataille e Bataille por causa de Blanchot.[50] O que é importante, no entanto, a respeito dessas influências é que a própria análise de *As palavras e as coisas* deixa isso bem evidente. Como também evidencia que é nesse momento de sua trajetória que a análise da literatura se vincula mais fortemente à análise arqueológica, como se o livro que pode ser considerado a conclusão do estudo sobre a presença das ciências do homem na modernidade funcionasse ao mesmo tempo como unificação dos estudos sobre a linguagem literária, que aqui receberia uma teoria geral que desse conta de sua função em relação a esses outros saberes de nossa época, apresentando-lhes suas margens: os limites da loucura, da morte, do impensável... Como é exposto esse pensamento?

Vimos que desde "A linguagem ao infinito", que já se estrutura claramente a partir da mudança, ocorrida no final do século XVIII, entre a "obra de linguagem" e a "literatura", esta é considerada por Foucault como um fenômeno essencialmente moderno.[51] É ainda o que se percebe no livro que começava a ser pensado mais ou menos na época em que esse artigo é publicado, quando ele defende, por exemplo, que só se pode falar de literatura antes da modernidade projetando sobre a obra de linguagem do passado uma invenção do presente, pois não só "a palavra tem uma data recente, como também é recente em nossa cultura o isolamento de uma linguagem singular cuja modalidade é ser 'literária'".[52] Só

---

49 Cf. "La scène de la philosophie", in DE, III, p.589-90.

50 Cf., sobre estas informações, respectivamente "Entretien avec Michel Foucault" e "Structuralisme et poststructuralisme", in DE, IV, p.48 e 437.

51 Cf. "Le langage à l'infini", in DE, I, p.254-5. Esta também é a posição de "Linguagem e literatura".

52 MC, p.313. No final da "notícia histórica" à sua tradução da *Antropologia do ponto de vista pragmático*, Foucault anuncia, aludindo a *As palavras e as coisas*: "As relações entre o pensamento crítico e a reflexão antropológica serão estudadas em uma obra posterior."

que, enquanto o artigo de 63 pensa essa questão a partir da relação da literatura com a morte, a novidade de *As palavras e as coisas*, ao retomar essa periodização, é partir da hipótese de que o espaço literário é uma contestação da filologia e sua concepção da linguagem como objeto, como estrutura e funcionamento gramatical, objeto que remete a um sujeito que fala, se enraiza na atividade do sujeito, expressa uma vontade humana profunda.[53] Na modernidade, a literatura é um "contradiscurso", no sentido do que compensa, e não do que confirma, a forma significante, o funcionamento significativo da linguagem.[54] Ou de modo mais explícito: a literatura é o que contesta o estatuto da linguagem tal como ela existia na época clássica reduzida a discurso, a sua função representativa, em que uma representação, ligada a uma outra e representando em si própria essa ligação, é identificada ao signo; mas a literatura é também o que contesta o estatuto da linguagem tal como ela existe na modernidade com sua função significante, em que a significação é considerada como determinada na consciência, como tendo uma gênese interna na consciência, consciência que se torna, portanto, o fundamento, a condição, o ato constituinte da significação.[55] O principal trecho do livro a respeito dessa contraposição entre literatura e ciência da linguagem é o seguinte: "A idéia de que, destruindo as palavras, não são nem ruídos nem puros elementos arbitrários que se reencontram, mas outras palavras que, pulverizadas por sua vez, liberam outras, essa idéia é ao mesmo tempo o negativo de toda a ciência moderna das línguas e o mito no qual transcrevemos os mais obscuros, e mais reais, poderes da linguagem. É, sem dúvida, porque é arbitrária e porque se pode definir sob que condições ela é significante que a linguagem pode tornar-se objeto de ciência. Mas é porque jamais cessou de falar aquém de si mesma, porque valores inesgotáveis a penetram tão longe quanto se pode atingi-la, que dela podemos falar nesse murmúrio ao infinito onde viceja a literatura".[56] Mas para saber com mais clareza em que consiste esse poder de contestação da literatura que está sendo aí enunciado, é preciso entender que,

53 Cf. MC, p.302, 303.
54 Cf. MC, p.58.
55 Cf. MC, p.80.
56 MC, p.119.

retomando também uma idéia que vem acalentando desde 63, a tese principal de Foucault em *As palavras e as coisas* é de que a importância da literatura como um indício do desaparecimento do ser do homem está na possibilidade de manifestação, de exposição, de designação do próprio ser da linguagem.

Essa relação entre a literatura e o ser da linguagem é expressa várias vezes no livro.[57] Do mesmo modo que, a respeito da loucura, Foucault aproximou a experiência trágica renascentista e a experiência literária moderna, evidenciando o papel constituinte do classicismo em relação à percepção social e ao conhecimento médico da loucura, seu interesse atual em salientar, mais uma vez, a importância da ruptura que instaura a época clássica, mais profunda do que a que inaugura a modernidade, no final do século XVIII, o faz expor o ser da linguagem que a literatura moderna manifesta como a retomada ou o reaparecimento do que era a linguagem no Renascimento. "Imensa reorganização da cultura de que a idade clássica foi a primeira etapa, a mais importante talvez, visto ser ela a responsável pela nova disposição na qual estamos ainda tomados — visto ser ela que nos separa de uma cultura onde a significação dos signos não existia, por estar absorvida na soberania do Semelhante; mas onde seu ser enigmático, monótono, obstinado, primitivo, cintilava numa dispersão infinita. Nada mais há em nosso saber nem em nossa reflexão que nos traga hoje a lembrança desse ser. Nada mais a não ser talvez a literatura...."[58] Ao estabelecer, portanto, essa relação, ele está antes de tudo querendo assinalar a inexistência no Renascimento e na modernidade literária da problemática da representação ou da significação dos signos, tal como são pensados quando se tornam objeto de ciência na análise do discurso e na filologia; está, por conseguinte, pretendendo ressaltar o caráter bruto, selvagem, enigmático da palavra, em detrimento dos funcionamentos representativo e significativo da linguagem.

Mas não se pense por isso que ele esteja estabelecendo uma continuidade entre as duas concepções. É que há uma diferença

57 Cf. MC, p.58-9, 103, 119, 134, 313, 316-7, 394-8.
58 MC, p.58.

constitutiva da literatura moderna no sentido que lhe dá Foucault em *As palavras e as coisas* e escritos como "A linguagem ao infinito" e o posfácio ao livro de Flaubert, *A tentação de Santo Antão*, quando distingue, por exemplo, literatura e retórica.[59] Essa diferença, essencial para que se possa, como faz Foucault nesse momento, caracterizar a literatura como um fenômeno eminentemente moderno, aparece claramente no livro, quando diz que "agora não há mais aquela palavra primeira, absolutamente inicial, pela qual se acha fundado e limitado o movimento infinito do discurso; doravante a linguagem vai crescer sem começo, sem termo e sem promessa. É o percurso desse espaço vão e fundamental que traça, dia a dia, o texto da literatura".[60] O ser da linguagem da literatura moderna aparece quando desaparece essa linguagem primeira, absoluta, imediata, mas, ao mesmo tempo, muda, oculta — a Palavra de Deus, a Verdade, o Modelo — que toda obra de linguagem deve restituir, retraduzir, repetir, representar, e a linguagem, então, se volta para uma linguagem anterior — o já dito, o rumor, o murmúrio de tudo o que foi pronunciado, as palavras acumuladas na história — com o objetivo principal de repeti-la, através de um movimento de destruição das palavras que liberta outras, incessantemente, indefinidamente, infinitamente. Como dizia o texto citado há pouco: é porque a linguagem "jamais cessou de falar aquém de si mesma ... que podemos falar dela nesse murmúrio ao infinito onde viceja a literatura".[61] O ser da linguagem da literatura moderna é a repetição, no sentido preciso de a linguagem literária manifestar fundamentalmente o poder de falar da linguagem, o ser das palavras, a linguagem em seu ser. Na passagem de *As palavras e as coisas* mais importante a esse respeito, Foucault defende, apropriando-se de um termo de Roland Barthes, como reconhecerá depois, a intransitividade radical da linguagem literária, no sentido de ser ela uma operação reflexiva, de existir perpetuamente voltada sobre si mesma, inteiramente referida ao ato puro de escrever, que quer apenas afirmar sua

---

59 Cf. DE, I, p.260, 279, 280, 309-13.
60 MC, p.59
61 Cf. MC, p.119.

existência, dizendo apenas o que é, cintilando no brilho de seu ser.[62] Brilho do ser da linguagem em que Foucault antevê a possibilidade nietzschiana da morte do homem, conseqüente à morte de Deus que inaugura a modernidade.

No artigo sobre *Hölderlin e a questão do pai*, de Laplanche, Foucault afirmava que a morte de Deus ressoou profundamente na linguagem, querendo com isso indicar que esse acontecimento eminentemente moderno significou o desaparecimento de critérios ou princípios universais externos a que a linguagem deveria se adequar e que a torna soberana.[63] Essa idéia é aprofundada quando ele indica em *As palavras e as coisas* ter sido Nietzsche o primeiro a aproximar a tarefa filosófica de uma reflexão radical sobre a linguagem.[64] Por que radical? Justamente por se constituir como resistência ou alternativa ao pensamento antropológico moderno, elidindo as categorias de sujeito e objeto. Assim, em entrevista do mesmo ano do livro, Foucault assinala que se deve a Nietzsche a descoberta de que a dimensão própria da linguagem, interpretada por ele como o ser da linguagem, é incompatível com o homem.[65] E, quando nos deparamos com esse privilégio da linguagem como princípio da crítica do humanismo, que Foucault encontra em Nietzsche, como não pensar em sua crítica da gramática, que a considera uma "metafísica para o povo",[66] temendo que não nos desembaracemos de Deus porque continuamos acreditando na gramática,[67] ao mesmo tempo que ousadamente se pergunta se não teria o filósofo o direito de se elevar acima da "fé das governantas", a fé na gramática.[68]

É certamente essa exigência nietzschiana, reapropriada e reinterpretada por pensadores como Blanchot, que explica o grande esforço de Foucault, nesse momento de sua trajetória, de pensar a linguagem literária sem privilegiar nem seu significado nem seu

62 Cf. MC, p.313.
63 Cf. "Le 'non' du père", in DE, I, p.202.
64 Cf. MC, p.316.
65 Cf. "Michel Foucault, *Les mots et les choses*", in DE, I, p.503.
66 F. Nietzsche, *A gaia ciência*, §354.
67 F. Nietzsche, *Crepúsculos dos ídolos*, "A razão na filosofia", §5.
68 F. Nietzsche, *Além do bem e do mal*, §34.

significante, não só distinguindo-se, por esta última opção, das investigações sobre a literatura que na época se utilizavam da lingüística e da psicanálise, mas até mesmo se distanciando de alguns termos já empregados por ele próprio, como "Signo" e "Significante", principalmente na época do *Nascimento da clínica* e do *Raymond Roussel*, sempre como resistência ou alternativa a uma literatura e a uma filosofia da significação, humanista, antropológica. O que lhe interessa agora é acima de tudo dar conta da linguagem em seu ser informe, mudo, não-significante. E se existe um diferencial em seu projeto histórico-filosófico ele consiste em buscar nietzschianamente na literatura, usada estrategicamente como "contradiscurso", um contraponto aos saberes sobre o homem na modernidade, objeto principal de *As palavras e as coisas*, por apresentar-lhes "as margens de seus limites", como nas obras de Artaud e de Roussel, que, para retomar a bela expressão do artigo do mesmo ano do livro, manifestam um "pensamento de fora" marcado pela materialidade e pela repetição. Efetivamente tudo isso aparece com mais clareza quando se sabe que, para ele, "em Artaud, a linguagem, recusada como discurso e retomada na violência plástica do choque, é remetida ao grito, ao corpo torturado, à materialidade do pensamento, à carne; em Roussel, a linguagem, pulverizada por um acaso sistematicamente manejado, conta indefinidamente a repetição da morte e o enigma das origens desdobradas".[69]

Essa concepção do ser da linguagem, *As palavras e as coisas* a esboça na dúvida se ela leva ao extremo o pensamento moderno ou se já rompe com ele. Mas ela é apresentada com muito mais firmeza, contundência e ousadia nos textos da época sobre literatura, onde, ao surgimento do ser do homem como sujeito e objeto do conhecimento, Foucault apresenta a alternativa de pensar a linguagem não como comunicação de um sentido, mas em seu próprio ser, tal como faz a literatura no que ela tem de mais radical. A expressão "ser da linguagem" aparece, como sugeri, pela primeira vez no "Prefácio à transgressão", sobre Bataille.[70] E, logo a seguir,

---

69 MC, p.395.
70 In DE, I, p.241.

no artigo "A linguagem ao infinito", Foucault esboça, como vimos, uma ontologia da literatura em que a linguagem é caracterizada como reduplicação. Eis um trecho em que isso é dito com bastante clareza: "A reduplicação da linguagem, mesmo se ela é secreta, é constitutiva de seu ser como obra, e é preciso ler os signos que podem nela aparecer como indicações ontológicas."[71] A idéia importante a partir da qual essa concepção — que domina toda a ontologia da linguagem que Foucault elabora ao refletir sobre a literatura — é agora apresentada consiste, a meu ver, em que a linguagem nem remete a um sujeito nem a um objeto: elide sujeito e objeto, substituindo o homem, criado pela filosofia, pelas ciências empíricas e pelas ciências humanas modernas, por um espaço vazio fundamental onde ela se propaga, se expande, se repetindo, se reduplicando indefinidamente. E ao expor e aprofundar essa idéia no domínio da linguagem literária, Foucault está procurando se situar no espaço em que, segundo seu pensamento da época, ainda será possível pensar: o espaço vazio do homem desaparecido.[72]

Pensar a literatura como experiência e a experiência literária como experiência anônima e autônoma da linguagem significa querer ultrapassar a oposição entre interioridade e exterioridade, entre sujeito e objeto, pela experiência da própria obra, ou pela própria obra como experiência. O que significa isso?

Para Foucault, em uma estética da linguagem, diferentemente de uma estética da percepção, o problema da realidade não se põe. Tese que ele chega paradoxalmente a radicalizar dizendo-se materialista porque nega a realidade e acredita que a linguagem é tudo.[73] A linguagem literária é linguagem pura, que só fala de si mesma, que não expressa nenhuma realidade preexistente. É o que dizia o trecho já citado do livro sobre Raymond Roussel: "Não existe sistema comum à existência e à linguagem; por uma simples razão: é que a linguagem, e apenas ela, forma o sistema da existência." É o que diz o artigo sobre Blanchot: "Sabe-se desde Mallarmé que a palavra é a inexistência manifesta daquilo que ela

---

71 Cf. "Le langage à l'infini", in DE, I, p.253.
72 Cf. MC, p.353.
73 Cf. "Débat sur le roman" in DE, I, p.380, 387.

designa", acrescentando que a questão "o que é a literatura?" é a própria essência da literatura, diz respeito ao próprio exercício da linguagem, ao próprio ato de escrever.[74] A linguagem literária é reduplicação, repetição indefinida, linguagem *à l'infini*, que permite falar dela mesma indefinidamente. O *Livro* de Mallarmé quer ao mesmo tempo repetir e aniquilar, anular todos os livros. Escrever, no sentido literário, é colocar a repetição no âmago da obra. Foucault evidencia a importância que tem Mallarmé para essa concepção da literatura. Mas, para ele, a repetição é constitutiva da literatura moderna desde a sua origem. É assim que, como vimos, a obra de Sade é um pastiche transgressivo, irônico, profanador, contestador, exaustivo, da filosofia e do romance do século XVIII que, por um processo de reduplicação, apaga, aniquila, esteriliza a linguagem.[75] É assim também que *A tentação de Santo Antão* é o livro dos livros, livro que, tendo como lugar próprio o espaço dos livros, tornará possível Mallarmé, Joyce, Roussel, Kafka, Pound, Borges.[76]

Essa repetição tem um sentido preciso, que a diferencia de toda obra de linguagem anterior, e de todo tipo anterior de repetição. Uma comparação entre Homero e Joyce, estabelecida em "Linguagem e literatura", ilustra bem essa diferença. A *Odisséia* de Homero repete-se dentro dela mesma. Ulisses, por exemplo, em meio a suas aventuras, entre os feacos, ouve o aedo cantar seus próprios feitos na guerra de Tróia. A repetição, nesse caso, diz respeito ao próprio conteúdo do livro, acrescentando-lhe novos episódios. Mas quando Joyce repete a *Odisséia* é para que nessa repetição, nessa dobra da linguagem, apareça algo que seja literatura. A linguagem literária é uma linguagem que se reduplica, se repete, se desdobra indefinidamente, fazendo-se espelho, imagem de si própria.[77] O fundamental, para Foucault, é que, na literatura moderna, a repetição diz respeito à própria linguagem, cujo ser é auto-implicação, auto-referência, reduplicação. Daí a historicidade

---

74 "La pensée du dehors", in DE, I, p.537. Em *Le livre à venir*, Blanchot define a literatura como a paixão de sua própria questão (cf. p.306).
75 Cf. "Le langage à l'infini", in DE, I, p.256-7.
76 Cf. o posfácio a *A tentação de Santo Antão*, de Flaubert, in DE, I, p, 289, 309.
77 Cf. "Le langage à l'infini", in DE, I, p.252, 254, 261.

da literatura passar pela recusa, pela morte da literatura, como se pode ver pela relação de Baudelaire com o romantismo, de Mallarmé com Baudelaire, do surrealismo com Mallarmé, do *nouveau roman* com o surrealismo etc. Como para Blanchot, também para Foucault, a literatura nunca é dada, nunca é totalmente realizada; ela está sempre no livro por vir e nenhum livro coincide com ela.

Mas o ser da linguagem da literatura moderna é também elisão do sujeito, da alma, da interioridade, da consciência, do vivido, da reflexão, da dialética, do tempo, da memória... No momento em que a linguagem escapa da representação clássica e é tematizada como significação na modernidade, a palavra literária se desenvolve, se desdobra, se reduplica a partir de si própria, não como interiorização, psicologização, mas como exteriorização, passagem para fora, afastamento, distanciamento, diferenciação, fratura, dispersão com relação ao sujeito, que ela apaga, anula, exclui, despossui, fazendo aparecer um espaço vazio: o espaço de uma linguagem neutra, anônima. O aparecimento ou reaparecimento do ser da linguagem é o desaparecimento do sujeito. Para *As palavras e as coisas*, a questão de Nietzsche, "quem fala?", recebe a seguinte resposta de Mallarmé: "quem fala é a própria palavra" em seu ser enigmático e precário, no sentido em que "Mallarmé não cessa de apagar-se na sua própria linguagem, a ponto de não mais querer nela figurar a não ser como executor em uma pura cerimônia do Livro, onde o discurso se comporia por si mesmo". Nietzsche, o primeiro a aproximar a tarefa filosófica de uma reflexão sobre a linguagem; Mallarmé, empenhado em encerrar o discurso na espessura da própria palavra.[78] Idéia que acompanha toda a apologia que Foucault faz da literatura. E que aparece claramente, por exemplo, no artigo importante sobre Blanchot. Pura exterioridade, a linguagem não é falada por ninguém: o sujeito só desenha nela uma dobra gramatical.[79] Se "o pensamento de fora" — que, segundo esse artigo, nasce com Sade e Hölderlin e se prolonga com Nietzsche, Mallarmé, Artaud, Bataille, Klossowski,

---

78 MC, p.316-7, 394.
79 "La pensée du dehors", in DE, I, p.537.

Blanchot —[80] é o pensamento que se mantém no exterior da subjetividade; é o pensamento que, experimentando a linguagem, em Artaud, como corpo, em Bataille, como transgressão, em Klossowski, como simulacro,[81] em Blanchot, como de-fora, resiste ao sono antropológico e almeja pensar no vazio do homem desaparecido, para usar uma terminologia de *As palavras e as coisas*,[82] a grande ambição de Foucault foi acrescentar seu nome a essa linhagem de pensadores que sentiu como aliados, no momento em que criticou o ser do homem das ciências e da filosofia e enalteceu o ser da linguagem da literatura.

---

80 "La pensée du dehors", in DE, I, p.522.

81 O artigo sobre Klossowski, "A prosa de Acteon", inteiramente centrado na noção de simulacro, termina com essas afirmações: "Klossowski inventa, nessa retomada de sua própria linguagem, nesse recuo que não se inclina para nenhuma intimidade, um espaço de simulacro que é sem dúvida o lugar contemporâneo, mas ainda oculto, da literatura. Klossowski escreve uma obra, uma das raras obras que descobrem: percebe-se nela que o ser da literatura não diz respeito nem aos homens nem aos signos, mas ao espaço do duplo, ao oco do simulacro onde o cristianismo se encantou com seu Demônio e os gregos temeram a presença cintilante dos deuses com suas flechas. Distância e proximidade do Mesmo onde encontramos nossa única linguagem", in DE, I, p.337.

82 MC, p.353.

O ocaso da literatura

Na época de *As palavras e as coisas*, Foucault caracteriza o ser puro e intransitivo da linguagem literária como distância, exterioridade, espaço vazio, repetição, simulacro. Mas não se pode dizer que esta seja sua concepção final. Longe disso.

De 1967, ano seguinte à publicação de *As palavras e as coisas*, até 1969, ano de *A arqueologia do saber*, Foucault não publica nada sobre literatura. O que pode parecer espantoso se considerarmos que, até então, todos os seus livros fazem o elogio da literatura e a esmagadora maioria de seus "ditos e escritos" retoma o conteúdo dos livros, aprofundando justamente a concepção da literatura e da linguagem literária que neles se encontra. Mas esse desinteresse pode ser facilmente explicado: é que, a partir de então, até que em 84 a morte lhe corte a palavra quando ainda tinha tanto a dizer, a literatura, antes tão valorizada, perde o privilégio como aspecto afirmativo de sua crítica da estrutura antropológico-humanista da modernidade.

Isto é evidente nas etapas seguintes de seu pensamento, com as análises genealógicas que faz das relações de poder e dos modos de subjetivação. Mas, antes mesmo disso, na época em que escreve *A arqueologia do saber*, sua posição a respeito da literatura e da linguagem já é bem diferente da que se havia imposto durante todas as pesquisas arqueológicas.

A arqueologia do saber é um livro profundamente diferente de todos os outros que Foucault escreveu, por ser inteiramente dedicado a expor uma postura metodológica. Só que, embora não seja dito por Foucault, a "metodologia" exposta no livro esclarece muito mais o que ele pensava no momento dessa resposta às não poucas objeções que lhe foram feitas depois da publicação de *As palavras e as coisas* do que propriamente o modo como havia teorizado e exercido a história arqueológica em seus livros anteriores. Isso pode surpreender quem imagina que exista em Foucault um pensamento sistemático e unitário. Mas me parece perfeitamente coerente pensar, depois de tudo que temos visto, que o livro seja mais uma etapa da trajetória da arqueologia. Basta lembrar rapidamente que *A arqueologia do saber* define a história arqueológica pela interpelação de dois termos que antes jamais tinham tido esse papel: o discurso e o enunciado. Do enunciado, Foucault jamais tinha falado em livro anterior. O discurso, como vimos, era em *As palavras e as coisas* a função representativa da linguagem na época clássica. Agora o discurso, considerado como materialidade ou como prática, é um conjunto de enunciados, isto é, uma pura dispersão — no sentido em que não tem princípio de unidade, dado por um objeto, um estilo, uma arquitetura conceitual, um tema —, mas a respeito da qual a arqueologia estabelece uma regularidade, ou um sistema de relações, que funciona como lei dessa dispersão. E o enunciado, elemento a partir do qual é definido o discurso, é uma função que torna possível relacionar um conjunto de signos, em primeiro lugar, com um domínio de objetos, ou com um referencial, que é condição, regra de existência para os objetos;[1] em segundo lugar, com um espaço vazio que diferentes indivíduos devem preencher para se tornar sujeito, um espaço vazio onde diferentes sujeitos podem vir tomar posição.[2]

Por que essa nova terminologia torna-se o arcabouço da história arqueológica, desaparecendo por sinal logo depois, no momento em que Foucault define seu projeto de pesquisa histórico-filosófica como uma genealogia? Minha hipótese é que sua função principal é justamente demarcar o afastamento de Foucault da problemática da linguagem — do modelo da fala, da língua, da escrita — que lhe tinha sido tão cara até então. Se ele agora utiliza os termos discurso e enunciado é para não falar de linguagem e de tudo o que poderia indicar relação com o estruturalismo,

---

1 Cf. AS, p.120.
2 Cf. AS, p.123-6.

método que, se não critica diretamente, ele não se cansa de ressaltar que não serve a seus objetivos por se restringir ao domínio da língua, bem diferente do que ele considera nesse momento como sendo o seu. Como mostra, entre outros, o trecho do livro que, recusando o título "as palavras e as coisas", define o discurso não "como conjuntos de signos (de elementos significantes remetendo a conteúdos ou a representações), mas como práticas que formam sistematicamente os objetos de que eles falam. Certamente os discursos são feitos de signos; mas o que eles fazem é mais do que utilizar estes signos para designar coisas. É esse *mais* que os torna irredutíveis à língua e à fala. É esse 'mais' que é preciso fazer aparecer e descrever".[3] Não se trata, portanto, de negar o conceito de linguagem, mas de defender que o discurso é mais fundamental do que ela, suspendendo, em seu exame, os pontos de vista tanto do significado quanto do significante, para fazer aparecer o fato de que há linguagem ou o enunciado como o ser da linguagem.[4]

Essa posição de *A arqueologia do saber* em relação ao estruturalismo é nova em relação aos livros anteriores de Foucault. Mas, na verdade, já era enunciada desde que ele havia terminado *As palavras e as coisas* e começado a pensar seu novo livro. Para ser preciso, ela existe desde junho de 1967, quando ele diz, pela primeira vez, em entrevista a Raymond Bellour em que aparece também pela primeira vez a problemática e a terminologia de *A arqueologia do saber*, que não se interessa pelas possibilidades formais oferecidas pela língua, que seu objeto "não é a língua mas o arquivo", o enunciado, "o discurso em sua modalidade de *arquivo*".[5] Diferença que volta a ser afirmada em setembro do mesmo ano, em entrevista a Paolo Caruso, quando mais uma vez ele deixa claro que não pode ser assimilado ao que foi definido como estruturalismo, por não se interessar pelas condições formais de aparecimento do sentido.[6] São várias, nessa época, as afirmações como essas. Não estou com isso sugerindo que Foucault algum dia tenha sido estruturalista. Não é essa minha questão. Estou

---

3 AS, p.66-7; cf. AS, p.220, 261, 264.
4 Cf. AS, p.146,148.
5 Cf. "Sur les façons d'écrire l'histoire, in DE, I, p.595.
6 "Qui êtes-vous professeur Foucault?", in DE, p.603.

somente querendo assinalar que o momento em que ele se distancia terminologicamente do estruturalismo é um marco importante da distância que assume em relação ao privilégio antes concedido à linguagem literária. E para isso considero importante ressaltar que, quando, por exemplo, ele diz que jamais empregou a palavra estrutura,[7] essa afirmação não é inteiramente correta. Pois se é verdade que esse termo não aparece em *As palavras e as coisas*, o mesmo não se pode dizer da *História da loucura* e do *Nascimento da clínica*, sobretudo desse último, quando se sabe que, na segunda edição do livro, de 1972, Foucault eliminou as expressões que o apresentavam como uma análise estrutural, substituindo-as pelas que dizem respeito ao conceito de saber considerado como objeto de uma análise do discurso, homogeneizando, deste modo, sua terminologia com a de *A arqueologia do saber*. Aliás, no debate que se segue a sua conferência "Lingüística e ciências sociais", de março de 1968, na Tunísia, Foucault parece mais imune à ilusão retrospectiva que tanto criticou, ao dizer meio jocosamente: "Vou, antes de tudo, lhes confessar algo que as pessoas parecem ainda não saber em Paris: eu não sou estruturalista. A não ser em algumas páginas que lamento ter escrito, nunca utilizei a palavra estrutura."[8]

Para reforçar a idéia de como essa sua posição é nova, vale a pena chamar a atenção para uma entrevista dada na Tunísia, em abril de 1967, em que ele se diz estruturalista. Não, certamente, no sentido preciso do estruturalismo considerado como o método que permitiu a constituição da lingüística e a renovação de disciplinas como a etnologia, que ele define como uma análise das relações que regem um conjunto de elementos, mas em um sentido mais geral de uma atividade filosófica que procuraria definir relações entre elementos de nossa cultura para diagnosticar o que é a atualidade. Eis como ele explicita essa idéia: "O que procurei fazer foi introduzir as análises de estilo estruturalista em domínios em que elas não haviam até então penetrado, isto é, no domínio da história das idéias, dos conhecimentos, da teoria. Fui, deste modo, levado a analisar em termos de estrutura o nascimento do

---

7 Cf. "Qu'est-ce qu'un auteur", in DE, I, p.816.

8 In DE, I, p.838.

próprio estruturalismo."[9] Bem diferente dessa declaração é a posição exposta por Foucault a esse respeito a partir de junho de 67 até seus últimos estudos.

Mas, correlacionado a essa distância em relação ao estruturalismo e à problemática da linguagem em geral, o outro aspecto importante dessa mudança de direção do pensamento de Foucault nessa época é que não há em *A arqueologia do saber* nada que diga respeito à linguagem literária, nem para demarcar sua especificidade, nem muito menos seu privilégio, sua importância por seu poder de transgressão ou de contestação, como se via anteriormente. Como Foucault jamais realizou propriamente uma arqueologia da literatura, suas referências a ela, diferentemente do que acontece com os saberes que foram objeto de suas pesquisas anteriores, são mínimas nesse livro e, quando ocorrem, servem apenas para ilustrar os problemas gerais que dizem respeito à legitimação da arqueologia como análise do discurso e do enunciado. Se alguém que não conheça os outros livros arqueológicos de Foucault abrir *A arqueologia do saber* com o objetivo de conhecer sua concepção da literatura aprenderá, por exemplo, que para ele "literatura", como "política", é uma categoria moderna; que a literatura, tanto quanto os outros tipos de discurso, pode ser analisada arqueologicamente, que a crítica literária, como a crítica de arte, durante o século XIX, trata a obra cada vez menos do ponto de vista de um juízo de gosto do que como um fenômeno de linguagem a ser interpretado como expressão de um autor e que na atualidade o que o tem interessado é a estrutura de uma obra, de um livro, de um texto. E só. Não aprenderá nem mesmo que Foucault havia escrito um livro intitulado *Raymond Roussel.* E muito menos terá algum esclarecimento sobre o conteúdo e a importância do que até então era dito sobre a literatura e a linguagem literária. Quer dizer, saberá nada ou quase nada do que estamos tratando.

Um outro bom exemplo que evidencia a mudança de sua reflexão sobre a literatura ainda na década de 60 é a conferência

---

9 "La philosophie structuraliste permet de diagnostiquer ce qu'est 'aujourd'hui'", in DE, I, p.581, 583.

"O que é um autor?", do mesmo ano de *A arqueologia do saber*, livro publicado em 69 — que, na década de setenta, para se diferenciar de sua problemática e ressaltar a importância que os acontecimentos políticos de 68 tiveram sobre ele, Foucault fará questão de dizer que foi escrito antes de 68.[10] Na perspectiva agora assumida, tematizar a morte do homem é analisar de que modo, segundo que regras se formou e funcionou o conceito de homem.[11] Desse modo, a questão do autor torna-se a questão da função-autor característica do modo de existência dos discursos em diferentes épocas, como por exemplo, o discurso literário, que tem com a autoria uma relação diferente do discurso científico ou do discurso dos instauradores de discursividade, como Marx e Freud.[12] O que interessa a Foucault nesse momento em que pensa com as categorias expostas em *A arqueologia do saber* é segundo que condições o sujeito pode aparecer na ordem do discurso,[13] é a análise das condições em que é possível que o indivíduo preencha a função de sujeito do discurso,[14] é, em suma, a arqueologia da função-autor. Idéia que reaparecerá em *A ordem do discurso* quando a autoria é considerada um procedimento de controle interno do discurso, ao lado do comentário e da disciplina, um princípio histórico de sua unidade, origem e coerência baseado na individualidade ou no eu.[15] Idéia que por sinal também começa a se delinear em 67, como se pode notar pela entrevista a Paolo Caruso, que apresenta o projeto de *Raymond Roussel* não só de modo bem diverso do que ele faz no próprio livro, mas também em total consonância com a mudança de trajetória característica dessa etapa da arqueologia: ver como o discurso de Roussel, que era considerado no início do século um discurso patológico, foi inserido no discurso literário contemporâneo.[16]

---

10 Cf. "Entretien avec Michel Foucault", realizada por Trombadori no final de 1978, in DE, IV, p.71-2.
11 Cf. "Qu'est-ce qu'un auteur", in DE, I, p.817.
12 Cf. loc. cit., p.800.
13 Cf. loc. cit., p.810, 811, 817.
14 Cf. loc. cit., p.818.
15 *L'ordre du discours*, p.28-31.
16 Cf. "Qui êtes-vous, professeur Foucault?", in DE, I, p.603, 605.

Nos anos 70, o Foucault genealogista do poder continua a não conceder nenhum privilégio à questão da literatura e da linguagem literária. O tempo do fascínio pela literatura tinha efetivamente passado. Quem duvida leia a introdução do livro de Brisset, *A gramática lógica* e a curta apresentação das obras completas de Bataille, ambas de 1970. O primeiro é um texto bastante interessante pelo rigor e pela inventividade com que relaciona Brisset, professor de línguas, que não é um literato, com Wolfson, "o estudante de língua esquizofrênico", que também não é um literato, e Roussel, generalizando a noção de procedimento, que organiza e comanda a análise do *Raymond Roussel,* com o objetivo de criticar as idéias de significação, de designação e de código, em nome da materialidade da linguagem, que, como vimos, é um dos aspectos importantes do conceito de discurso que Foucault formula no final dos anos 60. Neste sentido, eu o vejo mais como o brilho de uma luz do passado do que propriamente como um esclarecimento das idéias de Foucault nos anos 70. O outro, texto curto e meramente descritivo, embora proclame que Bataille é um dos escritores mais importantes deste século, já não tem o entusiasmo inflamado dos escritos sobre literatura, inclusive o sobre Bataille, da década de 60.

É que agora se dá a mudança mais importante, entre as ocorridas até então, na trajetória de Foucault. Teoricamente isto significa o início de um conjunto de pesquisas bastante diferentes das realizadas na década anterior. Nesse momento, em que Nietzsche lhe aparece como um filósofo do poder ou das relações de poder, e em que interpreta o trabalho que fez anteriormente a partir da questão do poder, que se constituiria seu principal interesse desde o início, começa a se delinear em seu trabalho de investigação uma genealogia concebida como uma análise das condições de possibilidade políticas dos saberes a partir do poder. E o aspecto mais característico dessa genealogia, que pretende explicar a constituição dos saberes a partir do exercício de poder, talvez seja o fato de o poder ser agora pensado não mais segundo o modelo do direito, como fundamentalmente repressivo, caracterizado pela lei ou pela função negativa de interditar, proibir, como era antes pressuposto pelo próprio Foucault, mas segundo o modelo estratégico da guerra, em termos de relações de força, como positivo, produtivo. Deste modo, quando se preocupa pela primeira vez com uma investigação minuciosa e sistemática do poder, o que ele descobre é, em primeiro lugar, uma anátomo-política, isto é, a constituição, desde o século XVII, dos sistemas disciplinares modernos e sua nova tecnologia política dos corpos; em segundo lugar, na segunda metade do século XVIII, o aparecimento de uma bio-política, isto é, dos ainda mais novos controles reguladores da população. Foi nessa perspectiva que essa década presenciou seu interesse pelo estudo do sistema penal e da perícia psiquiátrica em matéria penal, quando ele formula e procura comprovar a hipótese de que o poder é mais fundamentalmente disciplinar do que repressivo; em seguida, seu interesse pela sexualidade, que ele situará, então, na junção ou na confluência das disciplinas dos corpos e dos controles das populações. Pesquisas que resultaram em livros como *Pierre Rivière*, *Vigiar e punir* e *A vontade de saber*.

Mas intrinsecamente relacionada a essas novas pesquisas está sua atividade de militante político. Em 68, na Tunísia, Foucault é marcado pela brutalidade da repressão policial sobre os estudantes contestadores e, aproveitando-se do fato de ser francês e professor, decide permanecer no país para apoiá-los. Em novembro do mesmo ano, já de volta a Paris, participa da criação da Universidade de Vincennes, de onde se torna professor e chefe do Departamento de Filosofia, até ser nomeado para o Collège de France, em junho de 70, tomando parte ativa nos conflitos que opuseram alunos e professores à polícia francesa. Em 71, organiza com outros intelectuais franceses, entre os quais Gilles Deleuze, o Grupo de Informações sobre as Prisões, que tinha como principal objetivo dar a palavra aos detentos e seus familiares para que fossem reveladas suas próprias críticas ao sistema penitenciário. Se lembro esses fatos é porque penso que a importância que deu na época à militância e até mesmo ao ativismo político permite compreender melhor a distância profunda de seu pensamento em relação à literatura. É então que o vemos dizer que a militância política é mais importante do que dar aulas e escrever livros, que jamais gostou da escrita literária, que não pensa que a escrita tenha uma grande eficácia, que no fundo não gostava de escrever, que escrever só lhe interessava na medida em que fazia parte de um combate.[17] É então que o vemos pedir a um entrevistador que não lhe pergunte nada sobre literatura, lingüística e semiologia, considerar odienta a tradição baudelairiana, o dandismo inerente ao intelectual, ou não querer elogiar o valor do que os presos escreviam dizendo que tinham "grande beleza", pois isto seria inscrevê-los no horror da instituição literária,[18] embora diga na apresentação do dossier e dos estudos sobre Pierre Rivière que o motivo pelo qual seu grupo de pesquisa se dedicou mais de um ano às memórias de Rivière talvez tenha sido sua beleza. Sentindo-se cada vez menos tocado pelos grandes escritores, como Flaubert e Proust, isto é, pela escrita institucionalizada sob a forma de literatura, ele agora se interessa cada vez mais pelos discursos anônimos, como os dos loucos, dos presos, dos operários, que nunca ultrapassaram os limites da instituição literária.[19]

Um bom exemplo dessa nova postura de Foucault se encontra na apresentação do *Pierre Rivière*, que considera os discursos — de psiquiatras, juízes, advogados, testemunhas, do próprio Rivière — como armas de uma luta, um afrontamento, uma batalha, isto é, de uma relação de poder, e que, portanto, devem ser analisados estrategicamente, politicamente, deixando de lado "os velhos métodos acadêmicos de análise textual e as noções que derivam do prestígio monótono e escolar da escrita".[20] Escrita que, desde *A ordem do discurso*, é para ele um sistema de sujeição.[21]

Não que Foucault tenha deixado inteiramente de falar de literatura. O que acontece é o abandono do seu privilégio, o desinteresse pela questão do ser da linguagem, o distanciamento da tese da intransitividade da escrita literária. É assim que, ao se

17 Cf. DE, III, p.707, 727; III, p.80.

18 Cf. DE, II, p.203, 205, 535.

19 Cf. "De l'archéologie à la dynastique", in DE, II, p.412. Em outubro de 1982, nos Estados Unidos, ao ser perguntado o que lia por prazer, Foucault responderá que os autores que mais o emocionam são Faulkner, Thomas Mann, Malcolm Lowry (cf. "Vérité, pouvoir et soi", in DE, IV, p.780). Em 1976, no Recife, quando lhe perguntei qual tinha sido o livro mais importante para ele, ele me respondeu mais ou menos assim: "Não foi nenhum livro de filosofia. Foi o *Doutor Fausto*, de Thomas Mann."

20 *Moi, Pierre Rivière*..., p.13.

21 *L'ordre du discours*, p.47.

referir à literatura em *Vigiar e punir*, o que lhe interessa é a posição assumida por ela a respeito do crime, mostrando que desde o início do século XIX uma "literatura popular", uma literatura policial que faz o elogio da estética do crime, do assassinato como uma das belas artes, reduplica esteticamente o ilegalismo criado pela prisão e tem como função bloquear a memória popular, o saber operário por exemplo.[22] Literatura policial, instrumento, como o jornal, o cinema e a televisão, de produzir o medo pelos grandes criminosos e tornar natural a presença da polícia no meio da população, dirá Foucault em uma conferência na Universidade de Montreal.[23]

E quando, também ocasionalmente, recorre à literatura em *A vontade de saber* é como testemunho de uma modificação que se teria produzido no Ocidente com a injunção de dizer a verdade, a exigência de confessar, característica dos procedimentos de individualização pelo poder, como os que se encontram nos dispositivos disciplinares, normalizadores, de sexualidade, no momento em que a questão "o que é o sexo?" torna-se fundamental para saber o que é o homem. É neste sentido que interpreta a afirmação de D.H. Lawrence, de que "a compreensão consciente do instinto sexual é mais importante do que o ato sexual". Mas é também neste sentido da criação de procedimentos através dos quais se incita o sujeito a produzir um discurso de verdade sobre sua sexualidade que ele interpreta globalmente a transformação ocorrida na literatura na modernidade dizendo que, "de um prazer de contar e ouvir, centrado na narrativa heróica ou maravilhosa das 'provas' de bravura ou de santidade, passou-se a uma literatura ordenada em função da tarefa infinita de buscar, no fundo de si próprio, entre as palavras, uma verdade que a própria forma da confissão faz cintilar como o inacessível".[24] Nada na literatura parece permitir pensar nela como um contradiscurso, no sentido de uma contestação da prática discursiva da *scientia sexualis* que, em detrimento de uma arte de intensificar o prazer, se desenvolveu no Ocidente a partir do século XIX, e que Foucault quer desmas-

---

22 Cf. *Surveiller et punir*, p.70-2, p. 288-90; DE, II, p.648, 747, 797.
23 "Points de vue", in DE, III, p.95; cf. p.394.
24 *La volonté de savoir*, p.80, 208.

carar. A literatura não é algo destinado, por sua natureza, a desmantelar os dispositivos de poder. Deixando de ser pensada como um saber localizado nas margens, ela é agora situada ao lado da educação, da medicina, da psiquiatria, da jurisprudência, da psicanálise... Isso certamente porque, para a genealogia de Foucault, não há, de um lado, discursos do poder, de outro, discursos contra o poder, visto que os discursos formam campos estratégicos que tanto podem intensificar os controles quanto se constituir como pontos de resistência, focos de reação: "os discursos são elementos ou blocos táticos no campo das correlações de força".[25] Em todo caso, não deixa de surpreender, se pensarmos no privilégio que antes ocupava em seu pensamento, que a literatura jamais seja considerada como aliada em sua luta por desmascarar as relações de poder. Como pode parecer espantoso, a quem não se der conta de que Foucault sempre repensa suas interpretações a partir do instrumental que está produzindo e utilizando no momento, ver a facilidade com que ele agora se distancia de Sade e Bataille ao se referir, em alusão à psicanálise lacaniana, àqueles que, apoiando-se neles, reinscreveram a temática da sexualidade no sistema da lei, sem se dar conta de que se trata de um dispositivo político: "E nada poderia impedir que pensar a ordem do sexual de acordo com a instância da lei, da morte, do sangue e da soberania — com todas as referências a Sade e a Bataille, com todas as garantias de 'subversão' que se lhes peça — seja, afinal de contas, uma 'retro-versão' histórica. O dispositivo de sexualidade deve ser pensado a partir das técnicas de poder que lhe são contemporâneas."[26]

A partir dessa nova postura, ele escreve apenas um artigo de três páginas sobre Eugène Sue, em que o situa como um testemunho literário da idéia de guerra ou de luta de raças — que é, para ele nessa época, um dos antecedentes do conceito marxista de luta de classe — enaltece seu "erotismo histórico" e sua "sinceridade socialista", deixando totalmente de lado a questão da lingua-

---

25 *La volonté de savoir*, p.134-5.

26 *La volonté de savoir*, p.198. Também é interessante assinalar que Molière e Lenz são usados no livro para ilustrar dois tipos de interferência do dispositivo de sexualidade sobre o dispositivo familiar (cf. p.145).

gem, que, como se viu, era o centro de sua reflexão sobre a literatura. Além desse pequeno texto, um dos lugares em que ainda se refere à literatura em seus escritos é em "A vida dos homens infames", de 77, a introdução a uma antologia, que pretendia organizar, de documentos dos séculos XVII e XVIII, provenientes dos arquivos das instituições judiciárias ou policiais, que atestam a intervenção do poder político ao nível mais elementar, mais cotidiano, mais banal da sociedade, e que é certamente o texto do Foucault dessa época mais importante sobre o assunto. Mas o que faz esse texto? Em primeiro lugar, elogia a intensidade desses "poemas-vida", contidos nos registros de internação que conservaram essas vidas sem glória nem fama, obscuras, desafortunadas, reconhecendo que esses relatos, essas "novelas" o tocam bem mais profundamente do que as obras literárias.[27] Em seguida, desses anônimos homens infames — existências reais em luta com um poder que os persegue e os enclausura, e cujos discursos são produtos ou efeitos desse mesmo poder sobre suas vidas, pobres coitados que só existem pelas poucas e terríveis palavras que circulam por esses dispositivos de poder e são destinadas a torná-los indignos à memória dos homens —, ele distingue uma falsa infâmia, uma infâmia que é apenas uma modalidade da fama, atribuída a homens, gloriosos como Gilles de Rais e Sade. Mas, além disso, vai sugerir que o modo novo como essa época ligou o discurso e o poder é também a época do nascimento da literatura, que ele considera um efeito do sistema de poder disciplinar que, desde o século XVII, obrigou o cotidiano a se colocar em discurso:[28] "No momento em que é estabelecido um dispositivo para forçar a dizer o 'ínfimo', o que não se diz, o que não merece ser glorificado, o 'infame' portanto, um novo imperativo se forma que vai constituir o que poder-se-ia chamar a ética imanente do discurso literário do Ocidente. ... Mais do que uma forma específica, mais do que uma relação essencial à forma, é essa coerção, ia dizer essa moral, que a caracteriza e trouxe até nós seu imenso movimento: dever de dizer os mais comuns dos segredos."[29]

---

27 Cf. "La vie des hommes infames", in DE, III, p.238, 239.
28 Cf. loc. cit., p.252, 253.
29 Cf. loc. cit., p.252.

Enfim, visto que seus livros e artigos quase não se referem mais à literatura, e quando se referem jamais denotam qualquer privilégio da linguagem literária, o que dizer de suas entrevistas? Quando, em entrevistas, Foucault é levado a falar de literatura, é para dizer coisas inteiramente diferentes do que já dissera, até mesmo no final dos anos 60. Mais do que um bom exemplo disso, porque podem ser tomadas como mais um marco de suas mudanças em relação à literatura, são as idéias expostas no Japão, em 1970, durante a entrevista intitulada "Loucura, literatura, sociedade", no momento em que anuncia pela primeira vez que pretende escrever um livro sobre o sistema penal e o crime, o que virá a ser *Vigiar e punir*, publicado em 1975: "O que me interessa em Sade é o sistema de exclusão que se abateu sobre ele e sobre a anomalia, a monstruosidade sexual."[30] Em 75, então, a atitude de Foucault é ainda mais estarrecedora para quem espera dele uma fidelidade a suas idéias da década de 60: "Sade, diz ele, formulou o erotismo próprio de uma sociedade disciplinar; ele é um disciplinador, um sargento do sexo; é preciso libertar-se de Sade e inventar um erotismo não disciplinar."[31] E se voltarmos à mesma entrevista de 70, atentos a como ele se refere de um modo geral à literatura, inclusive a como parece se distanciar da tese do seu caráter intransitivo, esclarecendo, pela primeira vez, que é uma idéia de Barthes — do mesmo modo que em *A ordem do discurso* também se distanciará dessa idéia referindo-se ao caráter intransitivo que o escritor presta a seu discurso —,[32] o veremos dizer coisas como: "Mesmo que o ato de escrever tenha funcionado até então como uma contestação da sociedade, como foi o caso de Flaubert em *Madame Bovary*, hoje a força transgressiva da literatura se perdeu, a literatura tornou-se a instituição em que a transgressão, impossível fora dela, torna-se possível. Visto que a literatura foi recuperada pelo sistema, com uma função social normativa, a subversão pela literatura tornou-se um puro fantasma, ou mesmo um álibi. A linguagem só pode ser reformada por uma revolução

---

30 Cf. "Folie, littérature, société" in DE, II, p.109.
31 Cf. "Sade, sergent du sexe", in DE, II, p.821-2.
32 *L'ordre du discours*, p.43.

social, por uma reforma fora da linguagem."[33] Ou ainda como: "Toda a teorização exasperada da escrita que presenciamos na década de 60 foi apenas um canto de cisne: o escritor se debatia pela manutenção de seu privilégio político; mas o fato de ser uma questão de teoria ... e de ter originado produtos literários tão medíocres, tudo isso prova que a atividade do escritor deixara de ser o foco das coisas."[34] Mas sua posição aparece ainda com mais clareza, por formular de modo mais conceitual sua posição metodológica, quando, ao ser perguntado, em 1975, nos Estados Unidos, sobre as relações entre a loucura e o artista, a respeito de Artaud, diz que não pode responder a essa pergunta porque o que lhe interessa é saber como, desde o século XVIII, foi possível ligar a loucura e o gênio, a beleza, a arte.[35] Visivelmente ele evita qualquer sacralização da literatura.

Um documento interessante a esse respeito é uma passagem da entrevista de Foucault ao jornalista Roger-Pol Droit, de 75, em que ele se refere ao processo histórico de sacralização que fez com que a literatura tivesse passado a valer pelos outros discursos, como expressão de algo que esses discursos eram incapazes de formular. O que o teria levado, para romper com o mito do caráter expressivo da literatura, não só a valorizar positivamente os discursos não-literários, como também a aceitar, como fez na época de 60, o princípio, formulado por Blanchot e Barthes, da intransitividade da literatura, o princípio de que a literatura só tem a ver com a própria literatura, é uma repetição da linguagem literária. Ora, o que esse Foucault genealogista diz só ter compreendido depois foi que essa posição, que com Blanchot e Barthes tendia a dessacralizar a literatura considerada como expressão da totalidade, como expressão absoluta, contribuiu para sacralizá-la ainda mais como o lugar da subversão, da revolução, levando à idéia de que a linguagem literária só pode ser analisada em si própria e a partir de si própria. Criando, então, uma ilusão retrospectiva a respeito de sua reflexão, ao equiparar o *Raymond Roussel* ao

33 Cf. DE, II, p.116-21.
34 "Entretien avec Michel Foucault", in DE, III, p.155.
35 "Dialoque sur le pouvoir", in DE, III, p.475.

Pierre Rivière, Foucault se atribui o projeto de dessacralização da literatura que consiste em dar conta do processo pelo qual um tipo de discurso não-literário se constitui como literatura, entra e começa a funcionar na região ou no campo particular da linguagem qualificada de literária. Como se percebe sem dificuldade, apesar do que agora ele diz, um projeto bem diferente do que foi o seu nos anos 60. E é interessante observar que o próprio entrevistador justifica o fracasso e o abandono do projeto de publicação de um livro com um conjunto de entrevistas sobre o trabalho de Foucault dizendo que ele "queria fazer avançar seu trabalho, fazer algo novo. No entanto, minhas perguntas o remetiam à sua obra passada, colocaram-no em situação de dar explicações e levaram-no ... a se limitar ao plano da autobiografia intelectual, de que ele não gostava".[36]

Mas a pesquisa de Foucault não se encerra como uma genealogia das relações de poder. Depois de ter escrito *A vontade de saber*, seu pensamento segue duas direções principais, que podem ser definidas como uma genealogia do governo dos outros e do governo de si.

Por um lado, o estudo da racionalidade própria à arte de governar, ligada a processos econômicos, sociais, culturais, técnicos, que ele desenvolve a partir de 1977. Esse estudo histórico da gestão dos indivíduos foi sem dúvida o trabalho em curso de Foucault mais prejudicado com sua morte prematura. Uma das ocasiões em que ele é exposto, sugerindo o que poderia se tornar quando elaborado em livro, é nas duas conferências realizadas em Stanford, em outubro de 1979, "Omnes et singulatim", quando a questão da racionalidade política se apresenta para ele de dois modos. Em primeiro lugar, o poder pastoral, originário do cristianismo primitivo, que se exerce sobre o indivíduo através das técnicas de confissão e de exame de consciência, duas técnicas que também merecem grande atenção de Foucault no curso do Collège de France, de 79-80; intitulado "Do governo dos vivos",

---

36 Cf. "A presença da literatura na pesquisa de Foucault", *Folha de S. Paulo*, 6 de janeiro de 1987. Essa entrevista foi publicada no *Le Monde*, depois da edição dos *Ditos e escritos*.

sobre as técnicas e procedimentos destinados a dirigir a conduta dos homens. Em segundo lugar, o outro tipo de gestão dos indivíduos é representado pela racionalidade política moderna que se desenvolveu nos séculos XVII e XVIII através da doutrina da razão de Estado e da polícia considerada como um conjunto de técnicas de governo, como uma administração dirigindo o Estado. "A doutrina da razão de Estado tentou definir em que os princípios e os métodos do governo estatal diferiam, por exemplo, do modo como Deus governava o mundo, o pai, sua família, um superior, sua comunidade. A doutrina da polícia define a natureza dos objetos da atividade racional do Estado; ela define a natureza dos objetivos a que ele visa, a forma geral dos instrumentos que ele emprega."[37]

Por outro lado, correlacionado ao estudo do governo dos outros, das tecnologias políticas dos indivíduos, a pesquisa genealógica de Foucault a partir de 1981, como atesta a conferência "Sexualidade e solidão", privilegia sobretudo as técnicas de si, pelas quais os indivíduos se constituem como sujeito moral, na prática pagã e no cristianismo primitivo: "técnicas que permitem aos indivíduos efetuar, por si próprios, um determinado número de operações sobre seus corpos, suas almas, seus pensamentos, suas condutas, de modo a produzir em si próprios uma transformação, uma modificação, e atingir um determinado estado de perfeição, de felicidade, de pureza, de poder sobrenatural."[38] Ou, como diz *O uso dos prazeres*, é agora realizada a partir das "artes de existência": "práticas refletidas e voluntárias através das quais os homens não apenas se fixam regras de conduta, como também procuram se transformar, modificar-se em seu ser singular e fazer de sua vida uma obra que seja portadora de certos critérios de estilo."[39] É que, seguindo um caminho diferente do explorado em

---

37 "'Omnes et singulatim': vers une critique de la raison politique", in DE, IV, p.150. Cf. "La technologie politique des individus", in op.cit.
38 "Sexualité et solitude", in DE, IV, p.171. O interesse de Foucault pelo governo de si já é manifestado, no entanto, na mesa redonda de 20 de março de 1978, quando ele diz: "meu problema é saber como os homens se governam (a si próprios e aos outros) através da produção de verdade..." (DE, p.27).
39 *L'usage des plaisirs*, p.16-17.

A vontade de saber, uma importante inflexão na análise o levará, em primeiro lugar, a deslocar a análise do poder para os modos de subjetivação, em segundo lugar, a recuar no tempo e concentrar sua atenção não só na importância que tem a sexualidade para os modernos, como também a "carne" para os cristãos e os *aphrodisia* para os gregos. Momento em que, percebendo que a genealogia do homem de desejo — objetivo principal de sua pesquisa sobre a sexualidade desde o primeiro projeto —, que pretende pesquisar "de que maneira os indivíduos foram levados a exercer, sobre si próprios e sobre os outros, uma hermenêutica do desejo",[40] só poderá ser efetivamente realizada em contraponto com o cristianismo primitivo, o estoicismo tardio e o pensamento grego clássico, Foucault encontrará o tema que orientará sua *História da sexualidade* a partir de então: os modos de relação consigo. Daí seu interesse pelo tema que, segundo ele, teria dominado a reflexão moral, desde o *Alcibíades I* de Platão até se transformar em uma verdadeira cultura de si com Sêneca, Plutarco, Epiteto, Marco Aurélio: a prática de si, o cuidado de si, o domínio de si, a elaboração de si, o governo de si.[41] Governo de si, condição do governo do outro, que o cristianismo infletiu em direção à hermenêutica de si e à decifração de si próprio como sujeito de desejo.[42] E, a esse respeito, uma das idéias mais interessantes dessa genealogia dos modos de subjetivação é a hipótese de que, entre o quarto século antes de Cristo até o segundo século de nossa era, os gregos e depois os romanos formularam uma estética da existência, no sentido de uma arte de viver entendida como cuidado de si, de uma elaboração da própria vida como uma obra de arte, da injunção de um governo da própria vida que tinha por objetivo lhe dar a forma mais bela possível.

Estou apresentando esse tema fundamental da última pesquisa de Foucault porque desejo chamar a atenção para o reaparecimento da questão da escrita em seus estudos. Mas não quero com isso insinuar sua volta a uma concepção do passado. Ao contrário. Meu

---

40 *L'usage des plaisirs*, p.11.
41 O melhor texto sobre o assunto é o capítulo "A cultura de si" do livro *O cuidado de si*.
42 Cf., por exemplo, a entrevista "Le souci de la verité", in DE, IV, p.672.

objetivo é justamente assinalar que a relação que ele então estabelece entre escrita e cuidado de si de modo algum significa a presença de seu antigo interesse pela linguagem literária, pois sua preocupação atual é com o papel da escrita ou de uma literatura — o termo sendo agora empregado em um sentido bem diferente do que anteriormente — do eu na cultura filosófica de si durante esse período histórico em que a moral foi dominada pela injunção do cuidado de si. E, a esse respeito, a análise de Foucault consiste essencialmente em distinguir três tipos de "escrita de si": os cadernos individuais de notas (*hypomnemata*), coleção de coisas lidas e ouvidas, que funcionam como matéria-prima para os exercícios de pensamento, que têm o objetivo de constituir alguém como sujeito, ou de estabelecer a relação a si próprio da forma mais adequada possível, pela unificação de um já dito fragmentário e escolhido; a correspondência — como a de Sêneca, Marco Aurélio, Plínio, Cícero —, que, mesmo sendo escrita para ser enviada, é, para quem escreve, além de um treinamento, um modo de se manifestar a si mesmo e aos outros, uma narrativa escrita de si na vida cotidiana, que avalia meticulosamente o que se passa no corpo e na alma a partir das regras de uma técnica de vida; o caderno íntimo, a narrativa de experiências interiores da época cristã, como a anotação monástica das experiências espirituais, que procura sondar o que se é e desentranhar e expulsar do interior da alma tudo que seja contrário à salvação, por um permanente processo de purificação.[43]

Como se pode supor, a literatura não só não tem mais privilégio em seu pensamento, como é praticamente ignorada. Com uma única exceção: três páginas dedicadas a Baudelaire, que se inserem perfeitamente na temática de seus últimos estudos, ao considerar o dandismo uma relação consigo próprio, uma elaboração de si próprio, uma invenção de si próprio que tem por objetivo fazer da vida uma obra de arte.[44] Mas essa tão falada referência a Baudelaire, na conferência "O que é *Aufklärung*?", significará muito mais do que uma ilustração da idéia, que ele considera ter início com Kant, de que a modernidade é mais uma atitude, isto é, um

---

43 "L'écriture de soi" (DE, IV) é o texto mais importante sobre o assunto.
44 Cf. "Qu'est-ce que les Lumières?", in DE, IV, p.570-1.

modo de relação com a atualidade, do que propriamente uma época histórica? Idéia a partir da qual ele procura desclassificar o debate em termos de modernidade e pós-modernidade, como em geral é colocado, inclusive por Habermas, um de seus interlocutores nesse momento.

Foucault mais uma vez era outro. E essas mutações, ou esses incessantes distanciamentos de si próprio, não devem desconcertar, quando se sabe que ele jamais pretendeu ser um filósofo da identidade; quando se sabe que, sem jamais fixar seu pensamento, ele sempre aceitou o desafio de pensar diferentemente, que qualquer um de seus escritos jamais foi um ponto final, uma interpretação definitiva, mas uma transição, um momento de uma pesquisa provisória a ser ultrapassada. Aliás, ele não se disse mais um experimentador do que um teórico, no sentido em que escrevia não para construir um sistema, mas para mudar, se deslocar, se transformar, não mais pensar o que antes pensava? Ou, para retomar uma fórmula lapidar, não foi ele mesmo quem proclamou: "Escreve-se para ser diferente do que se é"?[45] Decididamente Foucault não busca a coerência de um pensamento único, centrado em sua subjetividade ou na estrutura de sua linguagem. Ele reafirmou isso o tempo todo. Ao chamar ainda mais uma vez atenção para essa marca de seu estilo de pensamento, penso nele lembrando, incomodado, a um entrevistador que ficara o tempo todo comparando suas idéias da época com as do passado, que aquilo que ele havia dito antes era totalmente sem importância, era fruto de um exercício do pensamento que já passara e que aquilo que lhe interessava era o que ele poderia escrever e fazer de novo.[46] Ou ainda dizendo a estudantes americanos que gostaria de escrever livros-bomba, livros que seriam úteis no momento em que foram escritos ou lidos, mas que depois desapareceriam.[47] E se o tão propalado diálogo com Habermas não deu certo não teria sido porque Foucault se via tratado por ele — sem olhos para ver seu trabalho assumidamente disperso e mutante — no pior estilo universitário, como autor de uma obra em que passado e presente

45 Cf. "Entretien avec Michel Foucault" e "Archéologie d'une passion", in DE, IV, p.41-2 e 605, respectivamente.
46 "Le grand enfermement", in DE, II, p.304-5
47 "Dialogue sur le pouvoir", in DE, III, p.476.

estariam necessariamente em continuidade? O intelectual destruidor de evidências e em constante deslocamento que Foucault sempre desejara ser, de tão ligado ao presente, parece não se lembrar exatamente o que pensava ontem nem saber com certeza o que pensará amanhã. No momento em que, para além de sua morte, volto a seu pensamento, num testemunho de que ele continua vivo, nunca é demais lembrar que ele já nos havia prevenido contra a tentação da totalidade ou da identidade no estudo de seus escritos, quando afirmou: "Não me perguntem quem eu sou e não me digam para continuar o mesmo: esta é uma moral de estado civil; ela rege nossos papéis. Que ela nos deixe livres quando se trata de escrever."[48]

---

48 AS, p.28.

ANEXO

Linguagem e literatura[*]

Michel Foucault

* Texto inédito da conferência pronunciada nas Facultés Universitaires Saint-Louis, de Bruxelas, nos dias 18 e 19 de março de 1964. Tradução realizada por Jean-Robert Weisshaupt e por mim a partir da transcrição da gravação do original francês feita por J.-R. Weisshaupt, Robert Yves Gérard e Walter Swennen, aos quais agradeço.

I

Como vocês sabem, a questão hoje célebre "O que é a literatura?" está, para nós, associada ao exercício da literatura não como se fosse colocada *a posteriori* por alguém que se interrogasse sobre um objeto estranho e exterior, mas como se tivesse seu lugar de origem na própria literatura. Formular a questão "O que é a literatura?" seria o mesmo que o ato de escrever. A questão não é, de modo algum, de crítico, de historiador ou de sociólogo a respeito de um determinado fato de linguagem. É, de certo modo, um oco aberto na literatura; um oco onde ela deveria se situar e, provavelmente, recolher todo o seu ser.

Há, no entanto, um paradoxo ou, em todo caso, uma dificuldade. Acabo de dizer que a literatura se situa na questão recente — apenas um pouco mais velha do que nós — "O que é a literatura?", que chegou até nós e pôde ser formulada a partir do acontecimento da obra de Mallarmé. Pensa-se que a literatura não tem outra idade, outra cronologia, outro estado civil que não os da própria linguagem. Mas não estou convencido de que a literatura seja tão antiga assim. Há milênios, algo que, retrospectivamente, costumamos chamar de literatura, existe com certeza. Mas é precisamente isso que penso ser necessário questionar. Não é tão evidente que Dante, Cervantes ou Eurípides sejam literatura. Certamente, hoje fazem parte da literatura, pertencem a ela, mas graças a uma relação que só a nós diz respeito: fazem parte de nossa literatura, não da deles, pela excelente razão que a literatura grega ou latina não existem. Em outras palavras, se a relação da obra de Eurípides com a nossa linguagem é efetivamente literatura, sua relação com a linguagem grega certamente não o era.

Por isso, gostaria de distinguir claramente três coisas. Primeiro, a linguagem. Como vocês sabem, a linguagem é o murmúrio de tudo que é pronunciado e, ao mesmo tempo, o sistema transparente que faz com que, quando falamos, sejamos compreendidos; em suma, a linguagem é tanto o fato das palavras acumuladas na história quanto o próprio sistema da língua. Segundo, a obra: há essa coisa estranha, no interior da linguagem, essa configuração da linguagem que se detém em si própria, se imobiliza e constrói um espaço que lhe é próprio, retendo nesse espaço o fluxo do murmúrio que dá espessura à transparência dos signos e das palavras. Erige-se, desse modo, o volume opaco, provavelmente enigmático, que constitui a obra. Terceiro, a literatura, que não é exatamente nem a obra, nem a linguagem. A literatura não é a forma geral nem o lugar universal onde se situa a obra de linguagem. É, de certo modo, um terceiro termo, o vértice de um triângulo por onde passa a relação da linguagem com a obra e da obra com a linguagem.

Devia ser uma relação desse tipo que se designava pela palavra "literatura" em sua acepção clássica, no século XVII, que simplesmente apontava a familiaridade de alguém com a linguagem corrente, com as obras de linguagem, e focalizava o uso, a convivência com a linguagem e pela qual alguém recuperava ao nível da linguagem cotidiana o que era, em si e para si, uma obra. Essa relação, que constituía a literatura na época clássica, era apenas uma questão de memória, de familiaridade, de saber, uma questão de acolhida. Ora, essa relação entre a linguagem e a obra, relação que passa pela literatura, deixou de ser, a partir de determinado momento, puramente passiva — de saber e memória —, tornando-se ativa, prática e, por isso mesmo, obscura e profunda, entre a obra no momento de sua gestação e a própria linguagem. Cronologicamente, a literatura tornou-se o terceiro termo ativo desse triângulo no início do século XIX ou no final do século XVIII — em torno de Chateaubriand, de Mme de Staël, de La Harpe — quando se afasta de nós, se fecha sobre si mesmo e leva consigo algo que hoje nos escapa, mas que, sem dúvida, precisa ser pensado se quisermos pensar o que é a literatura.

Costuma-se dizer que a consciência crítica, a inquietude reflexiva a respeito do que é a literatura se introduziu bem tarde, na rarefação e no esgotamento da obra, no momento em que, por razões puramente históricas, a literatura só foi capaz de se dar a si mesma como objeto. Parece-me, no entanto, que a relação da literatura consigo mesma, a questão a respeito do que ela é, fazia, desde o início, parte de sua triangulação de nascimento. A literatura não é o fato de uma linguagem transformar-se em obra, nem o fato de uma obra ser fabricada com linguagem; a literatura é um terceiro ponto, diferente da linguagem e da obra, exterior à linha reta entre a obra e a linguagem, que, por isso, desenha um espaço vazio, uma brancura essencial onde nasce a questão "O que é a literatura?", brancura essencial que, na verdade, é essa própria questão. Por isso, a questão não se superpõe à literatura, não se acrescenta a ela por obra de uma consciência crítica suplementar: ela é o próprio ser da literatura originariamente despedaçado e fraturado.

Para dizer a verdade, não tenho o projeto de falar da obra, da literatura ou da linguagem. Gostaria de situar minha fala — que infelizmente não é obra, nem literatura — na distância, na separação, no triângulo, na dispersão de origem onde a obra, a literatura e a linguagem se ofuscam mutuamente; isto é, se iluminam e cegam umas às outras para que, talvez graças a isso, algo de seu ser venha sorrateiramente até nós. Gostaria muito que prestassem atenção a esse pouco que tenho a dizer, pois gostaria que chegasse até vocês esse vazio da linguagem que, desde que existe, no século XIX, não cessa de esvasiar a literatura. Gostaria, ao menos, de apresentar a necessidade de abandonar uma idéia preconcebida — idéia que a literatura se fez de si própria — segundo a qual ela é uma linguagem, um texto feito de palavras, palavras como as outras, mas suficientemente e de tal modo escolhidas e dispostas que, através delas, passe algo inefável. Parece-me, ao contrário, que a literatura não é, absolutamente, feita de um inefável. Ela é feita de um não-inefável, de algo que, portanto, poderia se chamar de fábula, no sentido rigoroso e originário do termo. Ela é feita de algo que deve e pode ser dito; uma fábula que, todavia, é dita em uma linguagem de ausência, assassinato, duplicação, simulacro. Mas é por isso que um discurso sobre a literatura me parece possível. Um discurso diferente dessas alusões — marteladas há centenas de anos — ao silêncio, ao segredo, ao indizível, às modulações do coração, enfim a todos esses prestígios da individualidade, onde, até hoje, a crítica esconde sua inconsistência.

A primeira constatação é que a literatura não é o fato bruto de linguagem que se deixa, aos poucos, penetrar pela questão sutil, secundária, de sua essência e de seu direito à existência. A literatura é uma distância aberta no interior da linguagem, uma distância incessantemente percorrida e jamais coberta; uma espécie de linguagem que oscila sobre si mesma, uma espécie de vibração imóvel. Na verdade, oscilação e vibração são palavras insuficientes e inadequadas porque sugerem dois pólos: a literatura seria, ao mesmo tempo, literatura mas, também, linguagem e haveria entre a literatura e a linguagem como que uma hesitação. De fato, a relação com a literatura, aquilo pelo qual obra e literatura se esquivam mutuamente, está investida totalmente na espessura imóvel, sem movimento, da obra. Pois, quando uma obra é literatura? O paradoxo da obra reside no fato de só ser literatura no exato momento de seu começo, na página em branco que permanece em branco, quando nada ainda foi escrito na sua superfície. O que faz com que a literatura seja literatura, que a linguagem escrita em um livro seja literatura, é uma espécie de ritual prévio que traça o espaço da consagração das palavras.

Por conseguinte, quando a página em branco começa a ser preenchida, quando se começa a transcrever palavras nessa superfície ainda virgem, cada palavra se torna de certo modo absolutamente decepcionante com relação à literatura, pois não há nenhuma palavra que pertença por essência, por direito de natureza, à literatura. De fato, desde que uma palavra esteja escrita na página em branco, ela deixa de ser literatura. Quer dizer que cada palavra real é de certo modo uma transgressão da essência pura, branca, vazia, sagrada da literatura que faz de toda obra não a realização da literatura, mas sua ruptura, sua queda, seu arrombamento. Qualquer palavra, prosaica ou cotidiana, sem status ou prestígio literário é um arrombamento, mas qualquer palavra desde que esteja escrita é, igualmente, um arrombamento.

"Durante muito tempo deitei cedo" é a primeira frase de *Em busca do tempo perdido*. Ela consiste, em certo sentido, numa entrada na literatura, mas é evidente que nenhuma dessas palavras pertence à literatura; é uma entrada na literatura não porque seja a entrada em cena de uma linguagem armada dos signos, do brasão e das marcas da literatura, mas, simplesmente, porque é a irrupção de uma pura e simples linguagem na página em branco, a irrupção da linguagem sem signos nem armas, no limiar de algo que nunca se terá em carne e osso, palavras que nos conduzem ao limiar de uma perpétua ausência que será a literatura.

É característico da literatura ter se dado sempre — desde que existe, no século XIX, e oferece à cultura ocidental essa figura estranha sobre a qual nós nos interrogamos — como tarefa, precisamente, o assassinato da literatura. A partir do século XIX, não se trata, em absoluto, nas obras que se sucedem, da relação contestada, reversível, aliás bastante intrigante, entre o antigo e o novo, sobre a qual toda a literatura clássica se interrogou. A relação de sucessão que aparece, então, é muito mais matinal; é uma relação ao mesmo tempo de consumação e de assassinato inicial da literatura. Baudelaire não é para o romantismo, Mallarmé não é para Baudelaire, o surrealismo não é para Mallarmé o que Racine foi para Corneille, o que Beaumarchais foi para Marivaux.

A historicidade que aparece no século XIX, no domínio da literatura, é uma historicidade de um tipo especial, que não se pode em nenhum sentido assimilar àquela que assegurou a continuidade ou a descontinuidade da literatura até o século XVIII. A historicidade da literatura no século XIX não passa pela recusa, pelo afastamento ou pela acolhida das outras obras; ela passa, obrigatoriamente, pela recusa da própria literatura. E é preciso compreender essa recusa da literatura no enredo complexo de suas negações. Cada novo ato literário — de Baudelaire, de Mallarmé, dos surrealistas — implica, ao menos, quatro negações, recusas, tentativas de assassinato: primeiro, recusar a literatura dos outros; segundo, recusar aos outros o próprio direito de fazer literatura, negar que as obras dos outros sejam literatura; terceiro, recusar, contestar a si mesmo o direito de fazer literatura; finalmente, recusar fazer ou dizer, no uso da linguagem literária, outra coisa que não o assassinato sistemático da literatura.

Pode-se portanto dizer que, a partir do século XIX, todo ato literário se apresenta e toma consciência de si como transgressão da essência pura e inacessível da literatura. E, no entanto, em outro sentido, cada palavra, desde sua escrita na famosa página em branco da obra, faz sinal para algo — pois não é palavra normal ou comum — que é a literatura; cada palavra é um sinal que indica algo que chamamos literatura. Pois, para dizer a verdade, nada em uma obra de linguagem é semelhante àquilo que se diz cotidianamente. Nada é verdadeira linguagem. Não há uma única passagem de uma obra que possa ser considerada extraída da realidade cotidiana. Às vezes isso se produz. Sei que alguns levantaram diálogos reais, até mesmo gravados, como Butor acaba de fazer para sua descrição de San Marco, colando na própria descrição gravações efetivamente extraídas do diálogo das pessoas que visitavam a catedral e faziam comentários sobre a própria catedral ou sobre a qualidade dos sorvetes da praça. Mas a existência de uma linguagem real, assim levantada e introduzida na obra literária, é apenas como um papel colado em um quadro cubista. O papel colado no quadro cubista não está aí para produzir um efeito de veracidade, mas, ao contrário, para, de certo modo, romper o espaço do quadro. Do mesmo modo, a linguagem verdadeira, quando é introduzida em uma linguagem literária, está aí para romper o espaço da linguagem, para lhe dar como que uma dimensão sagital que não lhe pertence naturalmente. Assim, a obra só existe na medida em que, a cada instante, todas as palavras estão voltadas para a literatura, são iluminadas por ela e, ao mesmo tempo, porque a literatura — que, no entanto, desde a primeira, sustenta cada uma de suas palavras — é conjurada e profanada. Pode-se dizer, em suma, que a obra como irrupção desaparece e se dissolve no murmúrio da repetição contínua da literatura. Não há obra que não se torne, por isso, um fragmento de literatura, um pedaço que só existe porque existe em torno dela, antes e depois, algo como a continuidade da literatura.

Parece-me que esses dois aspectos, a profanação e o sinal sempre renovado de cada palavra para a literatura, permitem esboçar duas figuras exemplares e paradigmáticas do que é a literatura. Duas figuras estranhas que, no entanto, se relacionam. Uma é a figura da transgressão, da palavra transgressiva; a outra, ao contrário, é a figura de todas essas palavras que apontam e fazem sinal para a literatura. De um lado, portanto, a palavra de transgressão, de outro, o que chamaria de repetição contínua da biblioteca. Uma é a figura do interdito, da linguagem no limite, do escritor enclausurado. A outra, ao contrário, é o espaço dos livros que se acumulam, que se encostam, uns nos outros, cada um tendo apenas a existência ameiada que o recorta e repete infinitamente no céu de todos os livros possíveis.

Sade foi o primeiro a articular, no final do século XVIII, a palavra de transgressão. Pode-se mesmo dizer que sua obra é o ponto que recolhe e torna possível toda palavra de transgressão. A obra de Sade é, sem dúvida, o limiar histórico da literatura. Vocês sabem que, em certo sentido, ela é um gigantesco pastiche. Não há uma frase de Sade que não seja inteiramente voltada para algo que foi dito antes dele pelos filósofos do século XVIII, por Rousseau, por exemplo. Não há um único episódio, uma só dessas insuportáveis cenas que Sade descreve, que não seja na realidade o pastiche derrisório, completamente profanador, de uma cena de um romance do século XVIII. Aliás, basta seguir o nome dos personagens para encontrar exatamente de quem Sade quis fazer o pastiche profanador. Isto quer dizer que a obra de Sade teve a pretensão de apagar toda a filosofia, toda a literatura, toda a linguagem anterior, pela transgressão de uma palavra que profanaria a página que novamente voltava a estar em branco. A designação sem reticência, os movimentos que percorrem meticulosamente todas as possibilidades nas famosas cenas eróticas de Sade são apenas uma obra reduzida à pura palavra de transgressão, uma obra que em certo sentido apaga toda palavra já escrita e, por isso, abre um espaço vazio onde a literatura moderna encontrará seu lugar. Acredito que Sade seja o próprio paradigma da literatura.

A figura de Sade, que é a da palavra de transgressão, tem como duplo a figura do livro que se mantém em sua eternidade; tem como duplo, como oposto, a biblioteca, isto é, a existência horizontal da literatura, que não é simples, unívoca, e cujo paradigma gêmeo seria Chateaubriand. Não há dúvida de que a contemporaneidade de Sade e Chateaubriand não é um acaso na literatura. A obra de Chateaubriand, desde o início, desde sua primeira linha, quer ser um livro, quer se manter ao nível do murmúrio contínuo da literatura, quer se transportar logo nesta espécie de eternidade poeirenta da biblioteca absoluta. Ela visa logo a alcançar o ser sólido da literatura, fazendo recuar, em uma espécie de pré-história, tudo o que pôde ser dito ou escrito antes dele. De tal modo que, com poucos anos de diferença, pode-se dizer que Chateaubriand e Sade constituem os dois limiares da literatura contemporânea. *Attala* e *A nova Justine* nasceram quase ao mesmo tempo. Certamente seria fácil aproximar ou opô-los, mas o que é preciso tentar compreender é o próprio sistema de relações, é a dobra na qual nasce, ao final do século XVIII e início do século XIX, nessas obras, nessas existências, a experiência moderna da literatura indissociável da transgressão e da morte. Indissociável da transgressão da qual Sade fez toda a sua vida e pela qual pagou com o preço de sua liberdade. Quanto à morte, vocês também sabem que ela obcecou Chateaubriand desde o momento em que começou a escrever. Era evidente, para ele, que a palavra que escrevia só tinha sentido na medida em que ele já estava, de certo modo, morto, na medida em que essa palavra já flutuava além de sua vida e de sua existência.

Parece-me que a transgressão e a passagem para além da morte representam duas grandes categorias da literatura contemporânea. Poder-se-ia dizer que, na literatura, nessa forma de linguagem que existe desde o século XIX, só há dois sujeitos reais, dois sujeitos falantes: Édipo para a transgressão, Orfeu para a morte. Também só há duas figuras das quais se fala e às quais se fala a meia voz e de viés: Jocasta profanada e Eurídice perdida e reencontrada. Parece-me que essas duas categorias, a transgressão e a morte, o interdito e a biblioteca, distribuem mais ou menos o que se poderia chamar de espaço próprio da literatura. Em todo caso, é nesse lugar que algo como a literatura emerge.

É importante se dar conta de que a literatura, a obra literária, não vem de uma espécie de brancura anterior à linguagem, mas justamente da repetição contínua da biblioteca, da impureza já letal da palavra. A partir desse momento a linguagem realmente acena para nós e para a literatura. A obra acena para a literatura; o que isso quer dizer? Quer dizer que a obra interpela a literatura, lhe dá garantias, impõe a si mesma determinadas marcas que provam a si mesma e aos outros que se trata de literatura. Esses signos, reais, pelos quais cada palavra, cada frase indicam que pertencem à literatura, é o que a crítica recente, desde Barthes, chama de escrita. A escrita faz de toda obra como que uma pequena representação, algo como um modelo concreto da literatura. Ela detém a essência da literatura, mas dá ao mesmo tempo sua imagem visível, real. Neste sentido, pode-se dizer que toda obra diz o que ela diz, o que ela conta, sua história, sua fábula, mas, além disso, diz o que é a literatura. Acontece que ela não o diz em dois tempos: um tempo para o conteúdo e um tempo para a retórica;

ela o diz em unidade. Unidade que é assinalada precisamente pelo fato de que a retórica, no final do século XVIII, desapareceu.

Dizer que a retórica desapareceu significa dizer que a literatura, a partir desse desaparecimento, está encarregada de definir os signos e os jogos pelos quais ela vai ser, precisamente, literatura. Pode-se, portanto, dizer que a literatura, tal como existe desde o desaparecimento da retórica, não terá mais como tarefa contar alguma coisa e, em seguida, acrescentar os sinais manifestos e visíveis de que se trata de literatura, os signos da retórica. Ela vai ser obrigada a ter uma linguagem única e, no entanto, bifurcada, uma linguagem desdobrada, visto que ao mesmo tempo que diz uma história, que conta algo, deverá a cada momento mostrar, tornar visível o que é a literatura, o que é a linguagem da literatura, pois a retórica, outrora encarregada de dizer o que deveria ser a bela linguagem, desapareceu.

Pode-se, portanto, afirmar que a literatura é uma linguagem ao mesmo tempo única e submetida à lei do duplo. Acontece com a literatura o que acontece com *O duplo* de Dostoievski: na distância de uma noite de bruma, um vulto que o caminhante não cessa de ultrapassar, nas esquinas, mas que também vem incessantemente ao seu encontro, até levá-lo ao pânico, revelando-se ser seu duplo, no exato momento em que se depara com ele. É um jogo semelhante que se realiza entre a obra e a literatura. A obra vai, sem fim, ao encontro da literatura que é uma espécie de duplo que passeia diante da obra. A obra jamais a reconhece, embora a esteja sempre cruzando. O que sempre falta, neste caso, é o momento de pânico que se encontra em Dostoievski. Na literatura não há encontro absoluto entre a obra e a literatura. A obra jamais encontra seu duplo finalmente dado. Por isso ela é a distância que há entre a linguagem e a literatura, uma espécie de espaço de desdobramento. Esse espaço especular é o que se poderia chamar de simulacro.

Parece-me que a literatura, se interrogarmos o seu próprio ser, só poderia responder uma coisa: não há ser da literatura, há simplesmente um simulacro que é todo o ser da literatura. Parece-me que a obra de Proust pode mostrar muito bem em que e como a literatura é simulacro.

Sabe-se que *Em busca do tempo perdido* é a narrativa de um percurso que vai não da vida à obra de Proust, mas do momento em que a vida de Proust, a vida real — sua vida mundana etc. —, é suspensa, interrompida, fecha-se sobre si mesma e, na medida em que a vida se volta sobre si mesma, a obra vai poder se inaugurar e abrir seu próprio espaço. Mas a vida de Proust, sua vida real jamais é contada na obra. Por outro lado, essa obra pela qual ele suspendeu sua vida, decidiu interromper sua vida mundana, tampouco é dada, visto que Proust conta precisamente como vai chegar a essa obra que deveria começar na última linha do livro, mas que, de fato, jamais é dada no seu próprio corpo.

De tal modo que em *Em busca do tempo perdido* a palavra "perdido" tem ao menos três sentidos. Primeiro, o tempo da vida aparece agora como fechado, longínquo, irrecuperável, perdido. Segundo, o tempo da obra, que não tem mais tempo de ser feita, pois quando o texto realmente escrito termina, a obra ainda não começou, o tempo da obra, que não conseguiu lugar na narrativa que deveria contar a gênese da obra, foi, de certo modo, de antemão desperdiçado não apenas pela vida, mas também pela narrativa que Proust faz da maneira como vai escrever sua obra. Finalmente, o tempo sem eira nem beira, sem data nem cronologia, que flutua à deriva, perdido entre a linguagem cotidiana sufocada e a linguagem cintilante da obra enfim iluminada. É esse tempo fragmentado, à deriva, sem cronologia real que encontramos na própria obra de Proust. É um tempo perdido que só pode ser redescoberto como pepitas de ouro, por fragmentos. De tal modo que a obra real, em Proust, jamais é dada na literatura. Ela é apenas o projeto de fazer uma obra, o projeto de fazer literatura, mas sempre se detém no limiar da literatura. No momento em que a linguagem real, que conta essa vinda da literatura, vai se calar para que finalmente a obra possa aparecer em sua palavra soberana, inevitável, a obra acaba, o tempo terminou. De tal modo que pode-se dizer, em um quarto sentido, que o tempo foi perdido no momento em que foi redescoberto.

Numa obra, como a de Proust, não se pode dizer que haja um único momento que seja realmente a obra; não se pode dizer que haja um único momento que seja realmente a literatura. De fato, toda a linguagem real de Proust, a linguagem que lemos hoje e que chamamos de sua obra, e que dizemos ser literatura, não é nem obra nem literatura, mas uma espécie de espaço intermediário, virtual, como o que se pode ver, sem jamais tocar, nos espelhos.

É esse espaço de simulacro que dá à obra de Proust seu verdadeiro volume.

Assim, é preciso efetivamente convir que o projeto de Proust, o ato literário que realizou quando escreveu sua obra, não tem realmente nenhum ser determinável, não pode ser situado em nenhum lugar da linguagem ou da literatura. De fato, só se pode encontrar o simulacro, o simulacro da literatura. E a importância aparente do tempo em Proust vem simplesmente do fato de que o tempo proustiano, que, por um lado, é dispersão e definhamento, por outro, retorno e identidade dos momentos felizes, é apenas a projeção interna, temática, dramatizada, contada, recitada, dessa distância essencial entre a obra e a literatura que constitui o ser profundo da linguagem literária.

Se, portanto, tivéssemos de caracterizar o que é a literatura, teríamos a figura negativa da transgressão e do interdito, simbolizada por Sade, a figura da repetição contínua, a imagem do homem que desce ao túmulo com o crucifixo na mão, desse homem que só escreveu do "além-túmulo", a figura da morte simbolizada por Chateaubriand, e, finalmente, a figura do simulacro. Figuras não diria negativas, mas sem nenhuma positividade, entre as quais, o ser da literatura me parece fundamentalmente disperso e despedaçado.

Mas talvez nos falte ainda, para definir o que é a literatura, algo de essencial. Em todo caso, há algo que ainda não dissemos e que, no entanto, é, historicamente muito importante para saber o que é essa forma de linguagem que apareceu a partir do século XIX.

É evidente que a transgressão não basta para definir totalmente a literatura, já que havia literaturas transgressivas antes do século XIX. É evidente que também o simulacro não basta para definir a literatura, já que, antes de Proust, havia algo como o simulacro. Pensem em Cervantes, que escreve o simulacro de um romance; pensem em Diderot, com *Jacques o fatalista*. Em todos esses textos, encontra-se o espaço virtual no qual não há nem literatura, nem obra e onde, no entanto, há troca incessante entre a obra e a literatura. "Se eu fosse romancista, diz Jacques o fatalista ao seu senhor, o que lhe conto seria muito mais belo que a realidade que narro; se eu quisesse embelezar o que lhe conto, o senhor veria, nesse momento, como seria uma bela literatura, mas eu não posso, não faço literatura, sou obrigado a lhe narrar o que é." É nesse simulacro da literatura, nesse simulacro de recusa de literatura que Diderot escreve um romance que é, no fundo, um simulacro de romance.

Esse problema do simulacro, em Diderot e na literatura a partir do século XIX, é importante para nos introduzir ao que me parece central no fato da literatura. Em *Jacques o fatalista*, com efeito, a história se desdobra em vários níveis. O primeiro nível é a narrativa, por Diderot, da viagem e dos diálogos entre Jacques, dito o fatalista, e seu senhor. Em seguida, essa narrativa de Diderot é interrompida pelo fato de que Jacques, de certo modo, toma a palavra em lugar de Diderot e começa a contar seus amores. Depois, a narrativa dos amores de Jacques é interrompida por uma narrativa de terceiro nível onde se vêem as anfitriãs, o capitão etc. contar suas próprias histórias. Temos, assim, no romance, uma densidade de narrativas que se encaixam umas nas outras como bonecas russas, e é isso que constitui o pastiche do romance das aventuras de Jacques, o fatalista.

Mas o importante, o que me parece bem característico, não é exatamente o encaixe das narrativas e sim o fato de que, a cada momento, Diderot as faz voltar atrás e lhes impõe espécies de figuras retrógradas que levam incessantemente para uma espécie de realidade, de realidade da linguagem neutra, da linguagem primeira, que seria a linguagem cotidiana, a linguagem do próprio Diderot, a linguagem dos próprios leitores.

Essa figuras retrógradas são de três tipos. Há, primeiro, as reações dos personagens, no encaixe da narrativa, que, a cada momento, interrompem a narrativa que ouvem. Em seguida, os personagens que aparecem na narrativa encaixada: em determinado momento a anfitriã conta a história de alguém que não se vê, que é simplesmente virtual na narrativa de Diderot, e, depois, eis que bruscamente, na narrativa do próprio Diderot, vemos surgir esse personagem real, embora só tivesse realidade encaixado no interior da narrativa da anfitriã. Finalmente, a cada momento, Diderot se volta para o leitor e lhe diz: "o que lhe conto deve lhe parecer extraordinário, mas foi assim que se passou; certamente, essa aventura não obedece às regras da literatura, às regras das narrativas bem feitas, mas eu não sou senhor de meus personagens, eles me ultrapassam, invadiram meu espaço com o seu passado, suas aventuras, seus enigmas; eu só faço contar as coisas tal como efetivamente aconteceram". Assim, do âmago mais profundo, mais indireto, da narrativa até uma realidade contemporânea ou mesmo anterior à escrita, Diderot não faz mais do que distanciar-se de sua própria literatura. Trata-se, a cada momento, de mostrar que, de fato, tudo isso não é literatura e que existe uma linguagem imediata e primeira, a única sólida, e sobre a qual são construídas arbitrariamente, e por prazer, as próprias narrativas. Essa estrutura é característica de Diderot, mas também pode ser encontrada em Cervantes e em inúmeras narrativas do século XVI ao século XVIII.

Quando Joyce, por exemplo, se diverte fazendo um romance inteiramente construído em cima da *Odisséia*, ele não age de modo algum como Diderot, quando constrói um romance em cima do modelo do romance picaresco. De fato, quando Joyce repete Ulisses é para que, nessa dobra da linguagem repetida sobre si mesma, algo apareça que não seja, como em Diderot, a linguagem cotidiana, mas o próprio nascimento da literatura. Joyce faz com que se abra, no interior de sua narrativa, de suas frases, das palavras que emprega, da narrativa infinita do dia de um homem comum numa cidade comum, algo que seja tanto a ausência da literatura quanto sua iminência; algo que seja o fato de a literatura estar, ao mesmo tempo, presente absolutamente, porque se trata de Ulisses, e distante, se quiserem, na maior proximidade possível de seu afastamento. Daí, sem dúvida, essa configuração que é essencial ao *Ulisses* de Joyce: por um lado, as figuras circulares, o círculo do tempo que vai da manhã à noite de um dia; por outro, o círculo do espaço que dá a volta à cidade, com o passeio do personagem. Além dessas figuras circulares, há uma espécie de relação perpendicular e virtual, uma correlação perfeita, uma relação bi-unívoca entre cada episódio do *Ulisses* de Joyce e cada aventura da *Odisséia*. Por essa referência, a cada momento, as aventuras do personagem de Joyce não são duplicadas e superpostas, mas, ao contrário, abertas por essa presença ausente do personagem da *Odisséia*, que é o detentor, mas o detentor absolutamente longínquo, jamais acessível, da literatura.

Poder-se-ia talvez dizer, para resumir, que a obra de linguagem, na época clássica, não era realmente literatura. Por que não se pode dizer que *Jacques o fatalista*, ou Cervantes, Racine, Corneille, Eurípides não são literatura, a não ser para nós, evidentemente, na medida em que os integramos à nossa linguagem? Por que a relação de Diderot com sua própria linguagem não seria literária? Parece-me possível dizer que, na época clássica, de todo modo, antes do final do século XVIII, toda obra de linguagem existia em função de uma determinada linguagem muda e primitiva, que a obra seria encarregada de restituir. Essa linguagem muda era, de certo modo, o fundo inicial, o fundo absoluto sobre o qual toda obra vinha, em seguida, se destacar e se alojar. Essa linguagem muda, linguagem anterior às linguagens, era a palavra de Deus, dos antigos, a verdade, o modelo, a Bíblia, dando a essa palavra seu sentido absoluto, isto é, seu sentido comum. Havia uma espécie de livro prévio, que era a verdade, a natureza, a palavra de Deus, que, de certo modo, ocultava e pronunciava toda a verdade. Essa linguagem soberana e resguardada era tal que, por um lado, qualquer outra linguagem, toda linguagem humana, quando queria ser uma obra, devia simplesmente retraduzi-la, retranscrevê-la, repeti-la, restituí-la; por outro lado, essa linguagem de Deus, da natureza, da verdade era oculta. Era o fundamento de todo desvelamento e, no entanto, era oculta. Não podia ser transcrita diretamente. Daí a necessidade dos deslocamentos, das torções de palavras, de todo o sistema que se chama precisamente de retórica. Afinal, o que eram as metáforas, as metonímias, as sinédoques etc., senão o esforço para, com palavras humanas, que são obscuras e ocultas em si mesmas, reencontrar, por um jogo de aberturas, como que por desvios, a linguagem muda cujo sentido e objetivo da obra era restituir e restaurar? Em outras palavras, entre uma linguagem tagarela, que não dizia nada, e uma linguagem absoluta, que dizia tudo mas não mostrava nada, bem que era preciso uma linguagem intermediária que levasse da tagarelice à linguagem muda da natureza e de Deus: precisamente a linguagem literária. Se chamarmos, com Berkeley e os filósofos do século XVIII, signo aquilo que era dito pela natureza ou por Deus, podemos dizer que a obra clássica se caracteriza pelo fato de levar, pelo jogo de figuras da retórica, da densidade, da opacidade, da obscuridade da linguagem à transparência, à luminosidade dos signos.

A literatura, pelo contrário, começou quando essa linguagem que durante milênios sempre foi ouvida, percebida, suposta, se calou para o mundo ocidental ou parte dele. A partir do século XIX, deixa-se de prestar atenção à palavra primeira e, em seu lugar, se ouve o infinito do murmúrio, o amontoamento das palavras já ditas. Nessas condições, a obra não precisa mais se incorporar nas figuras da retórica, que valeriam como signos de uma linguagem muda e absoluta; só precisa falar como uma linguagem que repete o que foi dito e que, por causa dessa repetição, apaga tudo o que foi dito e, ao mesmo tempo, o aproxima o mais possível de si mesma para recuperar a essência da literatura.

Pode-se dizer que a literatura começou no dia em que o espaço da retórica foi substituído pelo que se poderia chamar o volume do livro. Aliás, é curioso constatar que só muito tarde o livro se tornou um acontecimento no ser da literatura. Foi somente quatro séculos depois de sua invenção real, técnica, material, que o livro adquiriu status na literatura. O *Livro* de Mallarmé é o primeiro livro da literatura. O *Livro* de Mallarmé, projeto fundamentalmente fracassado, que só podia fracassar, é a incidência do êxito de Gutenberg na literatura. O *Livro* de Mallarmé, que quer ao mesmo tempo repetir e aniquilar todos os outros livros, livro que, em sua brancura, roça o ser definitivamente fugidio da literatura, responde ao grande livro mudo, mas cheio de signos, que a obra clássica procurava recopiar, representar. O *Livro* de Mallarmé responde a esse grande livro mas, ao mesmo tempo, o substitui. É o atestado de seu desaparecimento.

Compreende-se agora por que, em seu prestígio e não apenas nele, mas em sua essência, a obra clássica era apenas uma representação, pois devia representar uma linguagem já pronta — é por estar no mundo da representação que a essência da obra clássica se encontra em Shakespeare, em Racine, no teatro — e, também, por que a essência da literatura, no sentido estrito do termo, a partir do século XIX, não vai ser encontrada no teatro, mas no livro. É nesse livro assassino de todos os outros livros e que, ao mesmo tempo, assume o projeto sempre frustrado de fazer literatura que a literatura encontra e funda seu ser. Se é verdade que o livro existia, com uma densa realidade, séculos antes da invenção da literatura, ele não era, contudo, o lugar da literatura; era apenas uma ocasião material de veicular a linguagem. A melhor prova disso é que *Jacques o fatalista* escapava ou procurava escapar, incessantemente, do feitiço dos livros de aventura por seus retrocessos, o mesmo acontecendo com Cervantes e Dom Quixote.

Mas, de fato, se a literatura realiza seu ser no livro sem acolher placidamente a essência do livro — aliás, o livro, na realidade, não tem essência, só tem a essência de seu conteúdo — é porque será sempre o simulacro do livro. Ela faz como se fosse um livro, faz de conta que é uma série de livros. É por isso também que ela só pode se realizar na agressão e na violência contra todos os outros livros, ou melhor, contra a essência plástica, derrisória, feminina do livro. A literatura é transgressão, é a virilidade da linguagem contra a feminilidade do livro. Mas o que pode ela ser senão um livro entre todos os outros, um livro com todos os outros, no espaço linear da biblioteca? O que pode ser a literatura senão uma frágil existência póstuma da linguagem? É por isso que, agora que todo seu ser está no livro, só lhe é possível ser, fatalmente, além-túmulo.

Assim, o que se recolhe na densidade aberta e fechada do livro, nas folhas em branco e ao mesmo tempo cobertas de signos, nesse volume único, mas semelhante a todos os outros — pois cada livro é único e todos os livros se assemelham — é algo como o próprio ser da literatura. A literatura — que não deve ser compreendida nem como a linguagem do homem nem como a palavra de Deus, nem como a linguagem da natureza, nem como a linguagem do coração ou do silêncio — é uma linguagem transgressiva, mortal, repetitiva, reduplicada: a linguagem do próprio livro. Na literatura, só há um sujeito que fala, só há um que fala, o livro, essa coisa da qual Diderot quis, em *Jacques o fatalista*, tantas vezes escapar, o livro, essa coisa na qual Sade foi, como vocês sabem, enclausurado e na qual também nós estamos.

II

Procurei dizer, ontem, algumas palavras sobre a literatura, sobre o ser de negação e simulacro que ganha corpo no livro. Gostaria, hoje, de fazer um recuo e procurar delimitar um pouco aquilo que falei. Pois, afinal, é assim tão claro, evidente, imediato que se possa falar de literatura? Pois, afinal, quando se fala de literatura, o que se tem como solo, como horizonte? Sem dúvida, nada mais do que o vazio que é deixado pela literatura em torno de si e que autoriza uma coisa de fato estranha e talvez única: que a literatura é uma linguagem ao infinito, que permite falar de si mesma ao infinito.

O que é essa reduplicação perpétua da literatura pela linguagem sobre a literatura? O que é essa linguagem, a literatura, que autoriza, ao infinito, as exegeses, os comentários, as duplicações? Esse problema não é claro. Não é claro em si mesmo e hoje parece menos claro do que nunca, por uma série de razões. A primeira é a mudança recente no que se poderia chamar de crítica.

Poder-se-ia dizer que nunca a camada da linguagem crítica foi mais densa do que hoje. Nunca se utilizou tanto a linguagem segunda, chamada crítica, e, reciprocamente, nunca a linguagem absolutamente primeira, linguagem que só fala de si mesma e de seu próprio ser, foi proporcionalmente tão tênue quanto hoje.

Ora, esse adensamento, essa multiplicação dos atos críticos acompanhou um fenômeno quase inverso: o personagem do crítico, o *homo criticus*, inventado mais ou menos no século XIX, entre La Harpe e Sainte-Beuve, está desaparecendo no momento mesmo em que se multiplicam os atos de crítica. Isto é, ao proliferarem, se dispersarem, se espalharem, os atos críticos vão se alojar não mais nos textos destinados à crítica, mas nos romances, nos poemas, nas reflexões, eventualmente nas filosofias. É preciso encontrar atualmente os verdadeiros atos da crítica nos poemas de Char, nos fragmentos de Blanchot, nos textos de Ponge, muito mais do que em uma ou outra parcela de linguagem destinada explicitamente, e pelo nome de seu autor, a ser ato crítico. Poder-se-ia dizer que a crítica se torna uma função geral da linguagem em geral, mas sem organismo, nem sujeito próprio.

Aparece também um terceiro fenômeno que torna difícil compreender o que é atualmente a crítica literária. Vemos se estabelecer, de uma linguagem a outra, uma relação que não é exatamente crítica, em todo caso que não está em conformidade com a idéia que tradicionalmente se fazia da crítica: uma instituição judicativa, hierarquizante, mediadora entre uma linguagem criadora, um autor criador e um público de simples consumidores. Estabelece-se atualmente uma relação bastante diferente entre a linguagem que se pode chamar de primeira, que chamaremos mais simplesmente de literatura, e a linguagem segunda, comumente chamada de crítica, que fala da literatura.

Com efeito, pede-se hoje à crítica que estabeleça duas novas formas de relação entre ela e a literatura. Parece-me que atualmente a crítica visa a estabelecer, em relação à literatura, à linguagem primeira, uma espécie de rede objetiva, discursiva, demonstrável, justificável em cada um de seus pontos; uma relação onde o que é primeiro, constitutivo, não é o gosto do crítico, um gosto mais ou menos secreto ou manifesto, mas um método de análise, necessariamente explícito, que pode ser psicanalítico, lingüístico, temático, formal, como quiserem. A crítica, portanto, está formulando o problema de seu fundamento na ordem da positividade, da ciência.

Por outro lado, a crítica desempenha um papel totalmente novo, que não é mais o de antes, o papel intermediário entre a escrita e a leitura. Na época de Sainte-Beuve, até mais ou menos hoje, o que era afinal fazer crítica senão fazer uma espécie de leitura privilegiada, primeira, uma leitura mais matinal do que todas as outras, que permitia tornar a escrita — necessariamente um pouco opaca, obscura ou esotérica do autor — acessível a esses leitores de segunda que todos nós seriamos, leitores que têm necessidade de passar pela crítica para compreender o que lêem? Em outras palavras, a crítica era a forma privilegiada, absoluta e primeira da leitura. Ora, parece-me que atualmente o que há de importante na crítica é que ela está passando para o lado da escrita, e isso de dois modos. Em primeiro lugar, porque a crítica cada vez mais se interessa não pelo momento psicológico da criação da obra, mas pelo que é a escrita, pela própria densidade da escrita dos escritores, com suas formas, suas configurações. Em segundo lugar, porque a crítica deixa de querer ser uma leitura melhor, mais matinal, ou mais bem armada, e está se tornando, ela própria, um ato de escrita. Uma escrita sem dúvida segunda em relação a uma outra, mas, de qualquer modo, que forma com todas as outras um entrelaçado, um enredo, uma rede de pontos e linhas. Pontos e linhas da escrita que, em geral, se cruzam, se repetem, se superpõem, se defasam para finalmente formar, em uma neutralidade total, o que se poderia chamar o conjunto total da crítica e da literatura, isto é, o atual hieróglifo flutuante da escrita em geral.

Vocês vêem a que ambigüidade somos confrontados quando se trata de procurar pensar o que é essa linguagem segunda que vem se acrescentar à linguagem primeira da literatura — que pretende desenvolver um discurso absolutamente positivo, explícito, inteiramente demonstrável sobre essa linguagem primeira — e, ao mesmo tempo, procura ser um ato de escrita como a literatura. Como conseguir pensar esse paradoxo? Como a crítica pode chegar a ser essa linguagem segunda e, ao mesmo tempo, uma espécie de linguagem primeira? É o que gostaria de procurar elucidar, para saber o que é, em suma, a crítica.

Vocês sabem que, recentemente — há uns dez anos talvez, e não mais do que isso —, o lingüista Jakobson introduziu, para procurar explicar o que é a crítica, uma noção que havia encontrado nos lógicos, a noção de metalinguagem, sugerindo que, afinal de contas, a crítica era, como a gramática, a estilística, a lingüistica em geral, uma metalinguagem.

É evidentemente uma noção bastante sedutora e que parece, à primeira vista, perfeitamente adequada, pois a noção de metalinguagem revela duas propriedades que são, no fundo, essenciais para definir a crítica. A primeira é a possibilidade de definir as propriedades de uma linguagem dada, as formas de uma linguagem, os códigos, as leis de uma linguagem em uma outra linguagem. A segunda é que a segunda linguagem, na qual se podem definir as formas, as leis e os códigos da primeira linguagem, não é substancialmente diferente desta, visto que se pode fazer a metalinguagem do francês em francês. Pode-se certamente fazê-la em alemão, em inglês, em qualquer outra língua; pode-se também fazê-la em uma linguagem simbólica inventada para isso, mas, de fato, pode-se fazer a metalinguagem do francês em francês ou a metalinguagem do inglês em inglês. Por conseguinte, nesta possibilidade de recuo absoluto em relação à linguagem primeira, tem-se a possibilidade de falar sobre ela de um modo inteiramente discursivo e, no entanto, estar totalmente no mesmo plano que ela.

Não estou certo, no entanto, de que a noção de metalinguagem — que parece definir, ao menos abstratamente, o lugar lógico em que a crítica poderia se alojar — deva ser utilizada para definir o que é a crítica. Talvez se deva, para explicar essa reticência em relação à noção de metalinguagem, voltar um pouco ao que dissemos ontem sobre a literatura. Vocês se lembram de que o livro nos apareceu como o lugar da literatura, como o espaço em que a obra incorpora o simulacro da literatura em um jogo de espelho e irrealidade, em que se trata tanto da transgressão quanto da morte. Se procurarmos expressar a mesma coisa no vocabulário dos especialistas da linguagem, poderíamos talvez dizer que a literatura é um dos inúmeros fenômenos de fala efetivamente pronunciados pelos homens. Como qualquer fenômeno de fala, a literatura só é possível na medida em que essas falas são conformes à língua, ao horizonte geral que constitui o código de uma língua dada. Portanto, qualquer literatura como ato de fala só é possível em relação à língua, em relação às estruturas de código que tornam transparente cada palavra da língua efetivamente pronunciada, permitindo-lhe ser compreendida. Se as frases têm um sentido, é que cada fenômeno de fala se aloja em um horizonte virtual, mas absolutamente coercitivo, da língua. Tudo isso é bastante conhecido.

Não se poderia, no entanto, dizer que a literatura é um fenômeno de fala extremamente singular, que se distingue provavelmente de todos os outros? A literatura, no fundo, é uma fala que talvez obedeça ao código em que está contida, mas que, no momento mesmo em que começa e em cada uma das palavras que pronuncia, compromete esse código. Isto é, cada vez que alguém toma da caneta para escrever algo, trata-se de literatura na medida em que a coerção do código é suspensa no próprio ato de escrever a palavra, o que faz com que, em última análise, essa palavra pudesse muito bem não obedecer ao código da língua, Se, efetivamente, cada palavra escrita por um literato não obedecesse ao código da língua, ela não poderia absolutamente ser compreendida, seria absolutamente uma palavra de loucura. Eis a razão, talvez, da pertinência essencial da literatura e da loucura, em nossos dias. Mas isso é uma outra questão. Podemos dizer simplesmente que a literatura é o risco sempre corrido e assumido por cada palavra de uma frase de literatura, o risco de que a frase, e depois todo o resto, não obedeça ao código. As duas frases "Durante muito tempo deitei cedo" e "Durante muito tempo deitei cedo", a primeira sendo uma frase que eu digo e a segunda sendo a que leio em Proust, embora verbalmente sejam exatamente idênticas, são, na realidade, profundamente diferentes. A partir do momento em que ela é escrita por Proust no limiar de *Em busca do tempo perdido,* pode ser que, em última análise, nenhuma dessas palavras tenha exatamente o sentido que lhes damos quando as pronunciamos cotidianamente, pode ser que as palavras tenham suspenso o código de onde foram retiradas. Há um risco sempre essencial, fundamental, inefável em toda literatura: o do esoterismo estrutural. É bem possível que o código não seja respeitado. Em todo caso, a fala literária tem sempre o direito soberano de suspender esse código, e é a presença dessa soberania, mesmo se ela não é de fato exercida, que constitui provavelmente o perigo e a grandeza de toda obra literária.

Por isso, não me parece que a noção de metalinguagem possa ser realmente aplicada como método da crítica literária, possa ser proposta como horizonte lógico sobre o qual poderíamos situar o que é a crítica, porque a metalinguagem implica precisamente que se faça a teoria de toda fala efetivamente pronunciada a partir do código estabelecido da língua. Se o código é comprometido na fala, se, em última análise, o código pode não valer absolutamente, não é possível fazer a metalinguagem de tal fala, devendo-se recorrer a outra coisa. A que recorrer, para definir a literatura, se não recorrermos à metalinguagem? Talvez seja preciso mais modéstia e, em vez de propalar, além de qualquer prudência, essa palavra saturada de lógica, será que não se poderia simplesmente constatar a evidência quase imperceptível, mas que me parece decisiva, de que a linguagem é talvez o único ser absolutamente repetível que existe no mundo. Certamente, há outros seres repetíveis no mundo: encontra-se duas vezes o mesmo animal, a mesma planta. Mas, na ordem da natureza, a repetição é, na realidade, apenas uma identidade parcial, aliás inteiramente analisável de modo discursivo. Só há repetições, rigorosamente falando, na ordem da linguagem. Sem dúvida, um dia será preciso fazer a análise de todas as formas de repetição possíveis que há na linguagem. E talvez seja na análise dessas formas de repetição que se poderá esboçar algo como uma ontologia da linguagem. Digamos agora simplesmente que a linguagem não cessa de se repetir.

Os lingüistas, que mostraram quão poucos fonemas são necessários para constituir o vocabulário total de uma língua, sabem muito bem disso. Esses mesmos lingüistas, como também os autores de dicionários, sabem quão poucas palavras são necessárias para constituir todos os enunciados possíveis, infinitos, quantitativamente em aberto, que são os enunciados que pronunciamos cotidianamente. Não cessamos de utilizar uma certa estrutura de repetição, fonemática, semântica das palavras. Além disso, sabemos que a linguagem pode se repetir, excetuando-se a voz e a elocução. Pode-se dizer a mesma frase, pode-se dizer a mesma coisa com outras palavras: é nisso que consiste a exegese, o comentário etc. Pode-se repetir uma linguagem em sua forma, suspendendo inteiramente seu sentido: é isso que fazem os teóricos da linguagem quando repetem uma língua em sua estrutura gramatical ou morfológica. De todo modo, a linguagem é provavelmente o único lugar do ser no qual algo como a repetição é absolutamente possível.

É claro que a repetição é uma propriedade constitutiva da linguagem, mas essa propriedade não permanece neutra e inerte em relação ao ato de escrever. Escrever não é contornar a repetição necessária da linguagem: escrever, no sentido literário, é situar a repetição no âmago da obra. Talvez seja preciso dizer que a literatura ocidental — pois desconhecendo as outras, não sei o que dizer delas — deve ter começado com Homero que, justamente, utilizou espantosa estrutura de repetição na *Odisséia*. Lembrem-se do canto VIII, em que Ulisses, depois de ter chegado na terra dos Feacos e ainda não reconhecido por eles, é convidado para o banquete. Ninguém sabia quem ele era. Simplesmente sua força nos jogos e seu triunfo sobre os adversários mostraram que era um herói, sem revelar sua identidade. Ele está, portanto, presente e oculto. Então, no meio do banquete, um aedo canta as aventuras e os feitos de Ulisses; aventuras e feitos que têm continuidade, nesse exato momento, sob o olhar do aedo. Visto que seus feitos estão longe de acabar e contêm sua própria narrativa como um de seus episódios, visto que faz parte das aventuras de

Ulisses ele mesmo ouvir, em determinado momento, um aedo cantar suas aventuras, Ulisses está presente para ouvi-las. Assim, a *Odisséia*, se repete no interior de si mesma. A *Odisséia* tem uma espécie de espelho central, no âmago de sua linguagem, de tal modo que o texto de Homero se dobra sobre si mesmo, se envolve ou desenvolve em torno de seu centro, se desdobra em um movimento que lhe é essencial. Parece-me que essa estrutura de repetição — que aliás encontramos com freqüência, como em *As mil e uma noites*, pois, como vocês sabem, há uma das mil e uma noites dedicada à história de Sherazade contando as mil e uma noites a um sultão para escapar da morte — é constitutiva do ser da literatura, senão em geral, ao menos da literatura ocidental.

Há, no entanto, uma distinção muito importante entre essa estrutura de repetição e a estrutura de repetição interna que encontramos na literatura moderna. Na *Odisséia*, há o canto infinito do aedo que perseguia Ulisses procurando alcançá-lo e, ao mesmo tempo, o canto do aedo, sempre já começado, que vinha ao encontro de Ulisses, o acolhia em sua própria lenda e o fazia falar no momento em que ele se calava, o desvelava quando ele se ocultava. Na literatura moderna a auto-referência é provavelmente muito mais silenciosa do que esse longo desencaixe contado por Homero. É provável que seja na densidade de sua linguagem que a literatura se repete e, provavelmente, por um jogo da palavra e do código, do qual lhes falava. Gostaria, em todo o caso, de terminar essas considerações sobre a metalinguagem e as estruturas de repetição perguntando se não se poderia definir a crítica, de modo bem ingênuo, não como uma metalinguagem, mas como a repetição do que há de repetível na linguagem. Desse modo, a crítica literária, provavelmente, se inscreveria em uma grande tradição exegética que começou, ao menos no que diz respeito ao mundo grego, com os primeiros gramáticos que comentaram Homero. Será que não se poderia dizer, numa primeira aproximação, que a crítica é pura e simplesmente o discurso dos duplos, isto é a análise das distâncias e das diferenças nas quais se repartem as identidades da linguagem?

Nesse momento veríamos, aliás, três formas de crítica totalmente possíveis: a primeira seria a ciência, o conhecimento ou o repertório das figuras pelas quais os elementos idênticos da linguagem são repetidos, variados, combinados: como se variam, combinam ou repetem os elementos fonéticos, semânticos e sintáticos. A crítica entendida nesse sentido, como ciência das repetições formais da linguagem, existiu durante muito tempo e tem um nome: a retórica. A segunda forma de ciência dos duplos seria a análise das identidades, das modificações ou mutações dos sentidos através da diversidade das línguas: como se pode repetir um sentido com palavras diferentes? Foi aproximadamente isso o que fez a crítica no sentido clássico do termo, de Sainte-Beuve até mais ou menos hoje, quando procurava encontrar a identidade de uma significação psicológica ou histórica, em suma de uma temática qualquer, através da pluralidade de uma obra. É isso que se chama tradicionalmente de crítica. Mas será que não poderia haver, se é que já não existe, espaço para uma terceira forma de crítica que seria a decifração da auto-referência ou autoimplicação da obra na estrutura densa de repetição de que falei a respeito de Homero? Será que não haveria espaço para a análise da curva pela qual a obra sempre se designa no interior de si mesma e se apresenta como repetição da linguagem pela linguagem? Parece-me que é a análise dessa implicação da obra em si mesma, a análise dos signos pelos quais a obra não cessa de se designar no interior de si mesma, que dá sentido aos empreendimentos diversos e polimorfos chamados, hoje, de análise literária.

Gostaria de lhes mostrar como esta noção de análise literária, utilizada e aplicada por pessoas diferentes, como Barthes, Starobinski etc., pode fundar uma reflexão, isto é principiar e desdobrar uma reflexão quase filosófica. Pois não me vanglorio de fazer uma filosofia verdadeira do mesmo modo que, ontem, não permitia aos literatos fazer uma verdadeira literatura; do mesmo modo como ontem a literatura estava no simulacro da literatura, eu estaria, hoje, no simulacro da filosofia. Em suma, gostaria de saber se não seria na direção de um simulacro de filosofia que essas análises literárias poderiam levar.

Parece-me que se poderia reagrupar e dar duas direções diferentes aos esboços de análise literária feitas até o momento. Uma diz respeito aos signos pelos quais as obras se designam a si próprias. A outra diz respeito ao modo como se espacializa a distância que as obras tomam em relação a si mesmas.

Falarei inicialmente das análises que foram feitas, e que, provavelmente, se poderia fazer para mostrar como as obras literárias não cessam de se designar a si mesmas. Vocês sabem que é uma descoberta paradoxalmente recente o fato de a obra literária ser feita não com idéias, com beleza, com sentimentos sobretudo, mas simplesmente com linguagem. Portanto, a partir de um sistema de signos. Mas esse sistema de signos não é isolado. Ele faz parte de uma rede de outros signos que circulam em dada sociedade, signos que não são apenas lingüísticos, mas que podem ser econômicos, monetários, religiosos, sociais etc. A cada momento da história de uma cultura corresponde um determinado estado dos signos, um estado geral dos signos. Seria preciso estabelecer quais elementos atuam como suporte de valores significantes e a que regras obedecem esses elementos significantes em sua circulação.

Enquanto manipulação concertada dos signos verbais, pode-se estar certo de que a obra literária faz parte, como região de uma rede horizontal — muda ou tagarela, pouco importa, mas sempre cintilante — que configura, a cada momento da história de uma cultura, o que se poderia chamar de estado dos signos. Para saber, por conseguinte, como a literatura se significa, seria preciso saber como ela é significada, onde ela se situa no mundo dos signos de uma sociedade, o que, praticamente, não foi feito em relação às sociedades contemporâneas, e que seria preciso fazer, tomando talvez como modelo um trabalho que focaliza culturas muito mais arcaicas de que as nossas. Penso nos estudos de Dumézil sobre as sociedades indo-européias. Vocês sabem que ele mostrou como as lendas irlandesas, as sagas escandinavas, as narrativas históricas dos romanos, refletidas por Tito Lívio, as lendas armênias, como esse conjunto que se pode chamar de obras de linguagem, se quisermos evitar a palavra literatura, faz parte, na realidade, de uma estrutura de signos muito mais geral. Ele mostrou que só se pode compreender o que realmente são essas lendas restabelecendo a homogeneidade da estrutura que há entre elas e, por exemplo, um ritual religioso ou social da sociedade iraniana, em suma, em uma outra sociedade indo-européia. Percebe-se então que a literatura funcionava, nessas sociedades, como um signo essencialmente social e religioso e que, à medida que assumia a função significante de um ritual religioso ou social, a literatura existia, era criada e consumida.

É bem provável — seria preciso estabelecer o estado dos signos na nossa sociedade — que, hoje em dia, a literatura não se situe do lado dos signos religiosos, mas muito mais do lado dos signos do consumo ou da economia. De fato, não o sabemos. De todo modo, seria preciso elaborar esta primeira camada semiológica que fixa a região significante ocupada pela literatura. Mas pode-se dizer que a literatura é inerte em relação a essa primeira camada semiológica. Certamente ela funciona, mas a rede na qual ela funciona não lhe pertence, ela não a domina. Seria preciso, por conseguinte, aprofundar essa análise semiológica, ou melhor, desenvolvê-la na direção de uma outra camada, interna à obra, isto é, estabelecer qual o sistema de signos que funciona não em uma determinada cultura, mas no interior de uma obra. Mesmo aí, ainda se está nos primórdios, nas exceções. Saussure deixou alguns cadernos — atualmente publicados por Starobinski na Mercure de France — nos quais procurou definir o uso e a estrutura dos signos fonéticos e semânticos na literatura latina. Tem-se aí o esboço de uma análise em que a literatura aparece essencialmente como uma combinação de signos verbais. Em relação a um determinado número de autores tais análises são fáceis; penso em Péguy, Roussel, nos surrealistas. Haveria nessa análise do signo verbal como tal, uma segunda camada de análise semiológica possível: não mais a da semiologia cultural, mas da semiologia lingüística, que define as escolhas que podem ser feitas, as estruturas às quais essas escolhas são submetidas, suas razões, o grau de latitude dado em cada ponto do sistema e que justifica a estrutura interna da obra.

Há, provavelmente, uma terceira camada ou rede de signos utilizados pela literatura para se significar a si mesma: os signos que Barthes chama de escrita, signos pelos quais o ato de escrever se ritualiza fora do domínio da comunicação imediata. Escrever, sabe-se hoje, não é simplesmente utilizar as fórmulas de uma época combinadas com algumas fórmulas individuais; escrever não é combinar uma certa dose de talento, de mediocridade e de gênio; escrever implica sobretudo a utilização de signos que nada mais são do que signos da escrita. Esses signos da escrita talvez sejam certas palavras, certas palavras ditas nobres, mas sobretudo certas estruturas lingüísticas profundas como, por exemplo em francês, os tempos dos verbos. Vocês sabem que a reescrita de Flaubert consiste essencialmente — aliás, pode-se dizer isso de todas narrativas clássicas francesas, de Balzac até Proust — em uma determinada configuração, em uma determinada relação do imperfeito, do particípio passado, do pretérito perfeito e do mais-que-perfeito, constelação jamais encontrada, com os mesmos valores, na linguagem realmente utilizada, por vocês, por mim ou nos jornais. A configuração desses quatro tempos é, na narrativa francesa clássica, constitutiva do fato de que se trata justamente de uma narrativa literária.

Finalmente, haveria uma quarta camada semiológica, muito mais restrita e discreta: o estudo dos signos que se poderiam chamar de implicação ou de autoimplicação, signos pelos quais uma obra se designa, se representa sob uma determinada forma, com uma certa fisionomia, no interior de si mesma. Falava, há pouco, do canto VIII da *Odisséia* em que Ulisses escuta o aedo cantar as aventuras de Ulisses. Acontece então algo bastante característico: no momento em que, ouvindo o aedo cantar suas próprias aventuras, Ulisses, que ainda não foi reconhecido pelos feacos, baixa a cabeça, cobre o rosto e começa a chorar, como diz Homero, com um gesto de mulher quando recebe, depois da batalha, o cadáver de seu esposo. O signo da autoimplicação da literatura é aqui altamente significativo: é um ritual, é exatamente um ritual de luto. Isto é, a obra só se designa na morte e na morte do herói. Só há obra na medida em que o herói, que está vivo na obra, no entanto já está morto em relação à narrativa que acabou de ser feita. Se compararmos esse signo de autoimplicação ao signo de autoimplicação que há na obra de Proust, veremos diferenças muito interessantes e características. Quando se dá a autoimplicação de *Em busca do tempo perdido*? Ela se dá sob forma de iluminação, de iluminação intemporal, quando, bruscamente, a respeito de um guardanapo adamascado, de uma *madeleine* ou da irregularidade das pedras do calçamento do pátio dos Guermantes, que lembra a irregularidade do calçamento de Veneza, algo como a presença intemporal, iluminada, absolutamente feliz da obra se apresenta àquele que, justamente, a está escrevendo. Entre esta iluminação intemporal e o gesto de Ulisses, que cobre o rosto e chora como uma esposa que recebe o cadáver do marido morto na guerra, há uma diferença absoluta. Uma semiologia desses signos de autoimplicação das obras nos ensinaria certamente muito sobre o que é a literatura.

Mas tudo isso são programas que praticamente ainda não foram realizados. Se insisti nas diversas camadas semiológicas, é que atualmente reina uma certa confusão acerca da utilização dos métodos lingüísticos ou semiológicos na literatura. Vocês sabem que, atualmente, alguns utilizam, a torto e a direito, os métodos da lingüística e tratam a literatura como um fato bruto de linguagem. É verdade que a literatura é feita com linguagem, como, afinal de contas, a arquitetura é feita com pedra. Mas deve-se concluir daí ser possível aplicar-lhe indiferentemente as estruturas, os conceitos e as leis que valem para a linguagem em geral. De fato, quando se aplicam, em estado bruto, os métodos semiológicos à literatura, se é vítima de uma dupla confusão. Por um lado, faz-se um uso recorrente de uma estrutura significante particular no domínio dos signos em geral, esquecendo-se assim que a linguagem, no fundo, é apenas um sistema em um sistema muito mais geral de signos — religiosos, sociais, econômicos — de que falava há pouco. Por outro lado, ao aplicar, em estado bruto, as análises lingüísticas à literatura, esquece-se, justamente, que a literatura usa estruturas significantes bem particulares, muito mais sutis do que as estruturas próprias da linguagem, e, especificamente, os signos de autoimplicação, que só existem na literatura e cujos exemplos são impossíveis de ser encontrados na linguagem em geral. Em outras palavras, a análise da literatura, como significante e se significando a si mesma, não se limita unicamente à dimensão da linguagem. Ela penetra em um domínio de signos que ainda não são signos verbais e, por outro lado, ela se estica, se eleva, se volta para outros signos muito mais complexos do que os signos verbais. Daí resulta que a literatura só é literatura na medida em que não se limita ao uso de uma única superfície semântica, da superfície dos signos verbais. Na realidade, a literatura se mantém através de várias camadas de signos. Ela é, se quiserem, polissemântica, mas de um modo singular. Não como uma mensagem, que pode ter várias significações e que é ambígua, mas no sentido em que a literatura, para dizer algo ou até mesmo nada — pois nada prova que a literatura deva dizer algo — é sempre obrigada a percorrer um determinado número de camadas semiológicas — no mínimo as quatro de que lhes falei — e, nessas quatro camadas, extrair o que é necessário para constituir uma figura, uma figura que tem como propriedade se significar a si mesmo. A literatura é apenas a reconfiguração, vertical, de signos que são dados na sociedade, na cultura, em camadas separadas. A literatura não se constitui a partir do silêncio. A literatura não é o inefável de um silêncio, a efusão daquilo que não pode ser dito e que jamais se dirá. A literatura, na realidade, só existe na medida em que não se deixou de falar, de fazer circular signos. É porque existem signos em torno dela, é porque isso fala, que algo como um literato pode falar.

Eis, grosseiramente esquematizada, a orientação segundo a qual poder-se-ia desenvolver uma análise literária que, no sentido rigoroso do termo, seria semiológica. Parece-me que a outra via, ao mesmo tempo mais e menos conhecida, diz respeito não mais às estruturas significativas e significantes da obra mas à sua espacialidade.

Durante muito tempo, considerou-se, sem dúvida por várias razões, que a linguagem tinha um profundo parentesco com o tempo, visto que a linguagem é essencialmente o que permite fazer uma narrativa e, ao mesmo tempo, uma promessa. A linguagem é essencialmente o que lê o tempo. Além disso, a linguagem restitui o tempo a si mesmo, pois ela é escrita e, como tal, vai se manter no tempo e manter o que diz no tempo. A superfície coberta de signos é, no fundo, apenas o ardil espacial da duração. É, portanto, na linguagem que o tempo se manifesta a si mesmo e, além disso, vai se tornar consciente de si mesmo como história. Pode-se dizer que, de Herder a Heidegger, a linguagem como *logos* sempre teve a nobre função de guardar, de vigiar o tempo, de se manter no tempo e de manter o tempo sob sua vigilância imóvel.

Acredito que ninguém tenha pensado que a linguagem não é tempo, mas espaço, a não ser Bergson, de quem não gosto muito, mas sou obrigado a reconhecer ter tido essa idéia. O problema é que ele tirou disso uma conseqüência negativa, ao dizer que se a linguagem era espaço e não tempo, pior para ela. E como o essencial da filosofia, que é linguagem, era pensar o tempo, ele tirou essas duas conclusões negativas: primeiro, que a filosofia deveria se afastar do espaço e da linguagem para poder pensar melhor o tempo; segundo, que, para poder pensar e expressar o tempo, era necessário dispensar a linguagem ou se desembaraçar daquilo que a linguagem poderia ter de pesadamente espacial. E para neutralizar esses poderes, essa natureza, esse destino espacial da linguagem, seria preciso jogar a linguagem contra ela mesma, utilizar, frente às palavras, outras palavras, contra-palavras. Bergson pensava que nessa dobra, nesse choque, nesse entrelaçamento de palavras, onde a espacialidade de cada uma delas teria sido eliminada, enxugada, aniquilada, ou ao menos limitada pela espacialidade das outras, nesse jogo que, no sentido rigoroso do termo, é o da metáfora — daí a importância das metáforas em Bergson —, nesse jogo da linguagem contra si própria, nesse jogo da metáfora que neutraliza a espacialidade, algo conseguiria nascer ou, ao menos, passar: o fluxo do tempo.

De fato, o que se está descobrindo hoje, por muitos caminhos diferentes, além do mais quase todos empíricos, é que a linguagem é espaço. Tinha-se esquecido isso simplesmente porque a linguagem funciona no tempo, é a cadeia falada que funciona para dizer o tempo. Mas a função da linguagem não é o seu ser: se sua função é tempo, seu ser é espaço. Espaço porque cada elemento da linguagem só tem sentido em uma rede sincrônica. Espaço porque o valor semântico de cada palavra ou de cada expressão é definido por referência a um quadro, a um paradigma. Espaço porque a própria sucessão dos elementos, a ordem das palavras, as flexões, a concordância entre as palavras ao longo da cadeia falada obedecem, mais ou menos, às exigências simultâneas, arquitetônicas, por conseguinte espaciais, da sintaxe. Espaço, enfim, porque, de modo geral, só há signos significantes, com seu significado, por leis de substituição, de combinação de elementos, portanto, por uma série de operações definidas em um conjunto, por conseguinte, em um espaço. Durante muito tempo, praticamente até hoje, confundiram-se as funções anunciadoras e recapituladoras do signo, que são funções temporais, com o que lhe permitia ser signo. E o que permite a um signo ser signo não é o tempo, mas o espaço. A palavra de Deus, que faz com que os signos do fim do mundo sejam os signos do fim do mundo, não é temporal; ela pode se manifestar no tempo, mas é eterna, sincrônica com relação a cada um dos signos que significam algo.

Creio que a análise literária apenas terá sentido na condição de esquecer os esquemas temporais em que se perdeu ao ponto de a linguagem e o tempo terem sido confundidos. Em particular, com o mito da criação. Se a crítica, durante tanto tempo, se atribuiu a função e o papel de restituir o momento da criação primeira, que seria o momento em que a obra está nascendo e germinando, é simplesmente porque obedeceria à mitologia temporal da linguagem. Havia sempre a necessidade, a nostalgia da crítica de encontrar os caminhos da criação, de reconstituir, em seu próprio discurso crítico, o tempo do nascimento e do acabamento que, pensava-se, deveria conter os segredo da obra. Enquanto as concepções da linguagem foram ligadas ao tempo, a crítica foi criacionista na medida em que a linguagem era percebida como tempo; ela acreditava na criação como acreditava no silêncio.

Parece-me que a análise da linguagem da obra como espaço vale a pena ser tentada. Na verdade, ela o foi por várias pessoas, e em várias direções. Continuando a ser um pouco dogmático e esquematizando coisas que ainda são apenas programas e esboços, poderia dizer algo assim: primeiro, é certo que há valores espaciais inscritos em configurações culturais complexas e que espacializam qualquer linguagem e qualquer obra que aparecem nessa cultura. Penso, por exemplo, no espaço da esfera, desde o final do século XV até mais ou menos o início do século XVII, durante todo o período renascentista, que vai do finalzinho da Idade Média até o início da Idade Clássica. A esfera, nessa época, não foi apenas uma figura privilegiada na iconografia ou na literatura; foi, na realidade, a figura espacializante por excelência, o lugar absoluto e originário onde se situavam todas as outras figuras de cultura renascentista e barroca. A curva fechada, o centro, a cúpula, o globo irradiante não são formas simplesmente escolhidas pelas pessoas dessa época, mas os movimentos pelos quais são dados silenciosamente todos os espaços possíveis dessa cultura, inclusive o espaço da linguagem.

Empiricamente, houve a descoberta de que a Terra era redonda, o que privilegiou, de fato, a esfera; a descoberta de que a Terra era, por conseguinte, a imagem sólida, sombria, encolhida da esfera celeste e de sua abóbada, e que o homem, por sua vez, era apenas uma pequena esfera microscópica, situada no cosmo da Terra e no macrocosmo do éter. Será que foram essas descobertas, essas idéias que deram à esfera sua importância? Talvez essa questão não tenha muito sentido. O que é certo, o que se deveria poder analisar, é que, no seu sentido mais geral, a representação — a imagem, a aparência, a verdade, a analogia — desde o final do século XV até o início do século XVII, se deu no espaço fundamental da esfera. O que é certo é que o cubo pictórico da pintura do *Quattrocento*, por exemplo, foi substituído pela meia esfera oca onde se colocaram e se deslocaram os personagens da pintura a partir do final do século XV, mais ainda no século XVI. O que é certo é que a linguagem começou a encurvar-se, para inventar formas circulares, para voltar a seu ponto de partida. Tomem, por exemplo, a viagem fantástica de Pantagruel que acaba em seu ambíguo ponto de partida, após uma jornada por um país que lembra o Olimpo, a Tessália, o Egito, a Líbia e, acrescenta Rabelais, a ilha hiperbórea no mar judaico. Ora, essa terra percorrida, além das ilhas, no ponto extremo da viagem, quando se está totalmente perdido, é tão graciosa, diz ainda Rabelais, quanto a região de Touraine, que é, justamente, o lugar de onde os companheiros partiram para fazer a viagem, visto que nunca saíram nem deixaram de, novamente talvez, querer sair de lá. Se agora, no momento em que vão novamente embarcar, eles já estão na região de Touraine é, talvez, porque vão partir para uma nova viagem. Em todo caso o círculo recomeça indefinidamente.

Foi provavelmente essa esfera da representação renascentista que, se dissociando, se torcendo, literalmente explodindo, deu, em meados do século XVII, nas grandes figuras barrocas do espelho, da bolha irisada, da esfera, da espiral, das grandes vestes que envolvem, como hélices, verticalmente, os corpos. Poder-se-ia fazer uma análise desse tipo a respeito da espacialidade das obras em geral. Aliás, mais do que rudimentos, têm-se vários esboços disso, como nas análises de Poulet, por exemplo.

É provável, também, que essa espacialidade cultural da língua em geral só possa, a rigor, apreender a obra do exterior. De fato, há também uma espacialidade interior à própria obra que não é exatamente sua composição, o que tradicionalmente se chama de seu ritmo ou seu movimento, mas o espaço profundo de onde vêm e onde circulam as figuras da obra. Na verdade, tais análises já foram feitas, em grande parte, por Starobinski em *Rousseau* ou por Rousset em *Formas e significações*, com sua bela análise do anel e da verruma em Corneille. Ele mostrou como o teatro de Corneille, no início, desde *A galeria do Palácio* até *El Cid*, obedece a uma espacialidade anelada: dois personagens estão juntos antes do início da peça, que só começa quando eles são separados. Depois, no meio da peça, eles se cruzam, mas a reconciliação não é possível ou perfeita. É a história de Rodrigo e Ximena que não conseguem absolutamente se unir por causa do que aconteceu. Eles são, portanto, novamente separados e só se reúnem no final da peça. Daí a forma de anel, de oito, de signo do infinito, que caracteriza a espacialidade das primeiras obras de Corneille. *Polieuto* representa a irrupção de um movimento ascendente que não existia antes. Em *Polieuto*, tem-se a figura do oito: os dois personagens unidos antes do início da peça, Polieuto e Paulina, depois são separados; eles se reencontram e são novamente separados, para finalmente se reunirem. O jogo da separação, no entanto, não resulta de acontecimentos que se situam no mesmo plano que os próprios personagens, mas, essencialmente, do movimento ascendente provocado pela conversão de Polieuto. O fator de separação e de reunião é uma estrutura vertical que culmina em Deus. A partir daí, Polieuto se separa de Paulina para se unir a Deus; Paulina, para reencontrar Polieuto, vai segui-lo. É o jogo desse anel e dessa espiral que dá à peça *Polieuto* e às obras posteriores de Corneille esse movimento de hélice, esse tipo de prega ascendente que talvez seja a mesma que encontramos, na mesma época, na escultura barroca.

Enfim, poder-se-ia talvez encontrar uma terceira possibilidade de analisar a própria espacialidade da obra, estudando não mais a espacialidade da obra em geral, mas a espacialidade da própria linguagem na obra. Isto é, revelar um espaço que não seria o da cultura, da obra, mas da própria linguagem, na folha em branco, que, por sua própria natureza, constitui e abre um certo espaço, não raro muito complexo, e que, no fundo, talvez tenha se tornado sensível com a obra de Mallarmé. Esse espaço da inocência, da virgindade, da brancura, do vidro também, do frio, da neve, do gelo que prende o pássaro, espaço ao mesmo tempo esticado e liso, fechado e redobrado sobre si mesmo, se abre, com toda licitude, à penetração absoluta do olhar que o pode percorrer. O olhar, no entanto, apenas pode deslizar nele. Esse espaço aberto é, ao mesmo tempo, completamente fechado; esse espaço que pode ser percorrido é como que congelado e inteiramente fechado. Este é, provavelmente, o espaço das palavras de Mallarmé.

Esse espaço dos objetos, como o lago, de Mallarmé é, também, o espaço de suas palavras. Tomem, por exemplo, os valores, muito bem analisados por J.-P. Richard, da asa e do leque em Mallarmé.

A asa e o leque, quando abertos, têm a propriedade de ocultar: a asa, de tão grande, esconde o pássaro; o leque, o rosto. A asa e o leque, portanto, ocultam; eles escondem, põem fora de alcance e à distância, mas eles só escondem à medida que se desdobram, isto é, à medida que a riqueza matizada da asa e o próprio desenho do leque se desdobram. Quando estão fechados, ao contrário, o leque deixa ver o rosto e a asa, o pássaro; eles permitem, portanto, a aproximação, oferecem ao olhar ou à mão o que escondiam antes, quando estavam abertos, mas, no exato momento em que se fecham, eles passam a ocultar, eles receptam tudo que era mostrado quando se abriam. A asa e o leque constituem, portanto, o momento ambíguo do desvelamento e do enigma, do véu estendido sobre o visível e da exibição absoluta.

Esse espaço ambíguo dos objetos de Mallarmé, que desvelam e ocultam, é provavelmente o próprio espaço das palavras de Mallarmé, o próprio espaço da palavra. A palavra, em Mallarmé, se desdobra, envolvendo, ocultando, sob sua exibição, o que ela está dizendo. Ela está redobrada na página em branco, ocultando o que tem que dizer e, ao mesmo tempo, faz surgir, nesse próprio movimento em que se volta sobre si mesma, na distância, o que permanece irremediavelmente ausente. Este é, provavelmente, o movimento de toda a linguagem de Mallarmé, o movimento, em todo caso, do *Livro* de Mallarmé — livro que é preciso tomar, ao mesmo tempo, no sentido mais simbólico de lugar da linguagem e no sentido mais preciso do empreendimento no qual Mallarmé literalmente se perdeu no final da vida —, livro que, aberto como um leque, deve ocultar mostrando, e que, fechado, deve mostrar o vazio que não cessou, em sua linguagem, de nomear. O *Livro*, por isso, é a própria impossibilidade do livro: a brancura que lacra quando ele se desdobra, a brancura que desvela quando ele se redobra. O *Livro* de Mallarmé, em sua obstinada impossibilidade, torna quase visível o invisível espaço da linguagem. Seria necessário fazer a análise desse invisível espaço da linguagem, não apenas em Mallarmé, mas em todo autor que se queira abordar.

Vocês poderão dizer que essas análises possíveis, já esboçadas em parte aqui ou ali, parecem abordar a obra de forma dispersa. Há, por um lado, a decifração das camadas semiológicas e, por outro, a análise das formas de espacialização. Será que esses dois movimentos vão permanecer paralelos, vão convergir ou vão convergir só no infinito, onde a obra quase não é visível na distância? Pode-se esperar, um dia, uma linguagem única que faria aparecer tanto os valores semiológicos novos quanto o lugar onde eles se espacializam? Não há dúvida alguma: estamos ainda longe de tal discurso e uma prova disso é a dispersão de minha fala.

E, no entanto, esta é, sem dúvida, a nossa tarefa. A tarefa atual da análise literária, a tarefa da filosofia, talvez, a tarefa atual de todo o pensamento e de toda linguagem seria acolher na linguagem o espaço de toda a linguagem, espaço no qual as palavras, os fonemas, os sons, as siglas escritas, podem ser, em geral, signos. É preciso que um dia apareça essa rede que liberte o sentido, retendo a linguagem. Mas que linguagem terá a força ou a reserva, que linguagem terá tanta violência ou neutralidade para deixar aparecer e nomear o espaço que a constitui como linguagem? Isso ainda não sabemos. Será uma linguagem muito mais condensada que a nossa, uma linguagem sem a separação atual entre literatura, crítica e filosofia, uma linguagem de certo modo matinal, que evocará, no sentido forte da palavra evocação, o que pôde ter sido a linguagem primeira do pensamento grego? Ou não se poderia talvez dizer que, se a literatura e essa análise literária de que acabo de falar têm atualmente sentido, é porque fazem prever o que será essa linguagem, é porque são signos de que essa linguagem está nascendo? Afinal o que é a literatura e por que ela apareceu no século XIX ligada ao curioso espaço do livro? Talvez a literatura seja essa invenção recente, que data de menos de dois séculos. Talvez a literatura seja fundamentalmente a relação que está se constituindo, que está se tornando obscuramente visível, mas ainda não pensável, entre a linguagem e o espaço.

No momento em que a linguagem renuncia à sua tarefa milenar — a de recolher o que não se deve esquecer —, no momento em que a linguagem descobre que está ligada pela transgressão e pela morte ao fragmento de espaço tão fácil de manipular, mas tão árduo de pensar, que é o livro, algo como a literatura está nascendo. O nascimento da literatura ainda está próximo e, no entanto, em seu oco, a literatura já levanta a questão do que ela é. É que ela é ainda extremamente jovem em uma linguagem bastante velha. Ela apareceu, portanto, em uma linguagem que, há milênios, em todo caso desde a aurora do pensamento grego, estava votada ao tempo, como o balbucio — o primeiro balbucio, provavelmente ainda demorado, do qual estamos longe de ter chegado ao fim — de uma linguagem votada ao espaço. O livro, em sua materialidade espacial, foi, até o século XIX, o suporte acessório de uma palavra que cuidava da memória e do retorno. Eis que ele se tornou — e isto é a literatura —, mais ou menos na época de Sade, o lugar essencial da linguagem, sua origem sempre repetível, mas definitivamente sem memória.

Quanto à crítica, o que foi ela, desde Sainte-Beuve até quase agora, senão o esforço desesperado, votado ao fracasso, de pensar em termos de tempo, sucessão, criação, filiação, influência o que era inteiramente estranho ao tempo, o que era votado ao espaço, isto é, a literatura? A análise literária, que tantas pessoas hoje praticam, não é a promoção da crítica a uma metalinguagem, não é a crítica que se tornou enfim positiva, com toda sua minúcia, sua paciência, sua acumulação laboriosa. A análise literária, se ela tem um sentido, nada mais faz do que impossibilitar a crítica. Ela torna pouco a pouco visível, mas ainda nebulosamente, que a linguagem é cada vez menos histórica e sucessiva; ela mostra que a linguagem está cada vez mais distante de si própria, que ela se afasta de si como uma rede, que sua dispersão não se deve à sucessão do tempo, nem à correria noturna, mas à explosão, ao fulgor, à tempestade imóvel do meio dia.

A literatura, no sentido rigoroso e sério da palavra, que procurei explicar, não seria mais do que essa linguagem iluminada, imóvel e fraturada que, hoje, temos que pensar.

Bibliografia

Obras de Michel Foucault

Histoire de la folie, Paris, Gallimard, 1972, 2ª ed. [Ed. bras.: *História da loucura na idade clássica*, São Paulo, Perspectiva]

Introduction à l'anthropologie de Kant, tese complementar de doutorado (inédita).

Naissance de la clinique, Paris, PUF, 1972, 2ª ed. [Ed. bras.: *O nascimento da clínica*, Rio de Janeiro, Forense Universitária, 1994, 4a.ed.]

Raymond Roussel, Paris, Gallimard, 1963.

"Linguagem e literatura", texto das duas conferências pronunciadas nas Facultés Universitaires Saint-Louis, de Bruxelas, nos dias 18 e 19 de março de 1964. Anexo deste volume.

Les mots et les choses, Paris, Gallimard, 1966. [Ed. bras.: *As palavras e as coisas*, São Paulo, Martins Fontes, 1995, 7a.ed.]

L'archéologie du savoir, Paris, Gallimard, 1969. [*Arqueologia do saber*, Rio de Janeiro, Forense Universitária, 1995, 4a.ed.]

"Notice historique", in Kant, Immanuel, *Anthropologie du point de vue pragmatique*, Paris, Vrin, 1970.

L'ordre du discours, Paris, Gallimard, 1971.

Moi, Pierre Rivière, ayant égorgé ma mère, ma soeur et mon frère..., Paris, Gallimard/Julliard, 1973. [Ed. bras.: *Eu, Pierre Rivière...*, Rio de Janeiro, Graal, 1997.]

Surveiller et punir, Paris, Gallimard, 1975. [Ed. bras.: *Vigiar e punir*, Petrópolis, Vozes, 1975.]

La volonté de savoir, Paris, Gallimard, 1976. [Ed. bras.: *A vontade de saber*, Rio de Janeiro, Graal, 1988.]

L'usage des plaisirs, Paris, Gallimard, 1984. [Ed. bras.: *O uso dos prazeres*, Rio de Janeiro, Graal, 1984.]

Le souci de soi, Paris, Gallimard, 1984. [Ed. bras.: *O cuidado de si*, Rio de Janeiro, Graal, 1984.]

Dits et écrits, Paris, Gallimard, 1994.

Sobre Michel Foucault

Adorno, Francesco Paolo. *Le style du philosophe*, cap.I: "Littérature et langage", Paris, Kimé, 1996.

Ansell-Pearson, Keith. "The significance of Michel Foucault's reading of Nietzsche: power, the subject, and political theory", *Nietzsche Studie*, 1991.

Barthes, Roland. "De part et d'autre" *Critique*, 1961; reed. em *Essais critiques*, Paris, Seuil, 1964.

Bellour, Raymond. "Vers la fiction", in *Michel Foucault philosophe*, Paris, Seuil, 1989.

Beyssade, Jean-Marie. "Mais quoi ce sont des fous", *Revue de Metaphysique et de Morale*, 3, 1973.

Blanchot, Maurice. "L'oubli, la déraison", in *L'entretien infini*, Paris, Gallimard, 1969.

_____. *Michel Foucault tel que je l'imagine*, Montpellier, Fata Morgana, 1986.

Boyne, Roy. *Foucault and Derrida.The Other Side of Reason*, Londres/Nova York, Routledge, 1990.

Canguilhem, Georges. "Mort de l'homme ou épouisement du Cogito?", *Critique*, 242, julho 1967.

_____. "Sur l'*Histoire de la folie* en tant qu'événement", *Le Débat*, 41, 1986.

Carrol, David. *Paraesthetics. Foucault, Lyotard, Derrida*, Nova York/Londres, Routledge, 1989.

Châtelet, François. "L'homme, ce narcisse incertain", *La Quinzaine Littéraire*, 2, 1.4.1966.

D'Amico, Robert. "Text and context: Derrida and Foucault on Descartes", in Fekete, John (org.) *The Structural Allegory*, Manchester, Manchester University Press, 1984.

Descombes, Vincent. *Proust*, cap.6: "Une question de poétique", Paris, Minuit, 1987.

Deleuze, Gilles. "L'homme, une existence douteuse", *Nouvel Observateur*, 81, 1.6.1966.

_____. "Un nouvel archiviste", *Critique*, 274, março de 1970; reed., Montpellier, Fata Morgana, 1972. Reed. modif. e aument. em *Foucault*.

____. "Ecrivain non: un nouveau cartographe", *Critique*, 343, dezembro 1975. Reed. modif. e, *Foucault*.

____. *Foucault*, Paris, Minuit, 1986. [Ed. bras.: *Foucault*, São Paulo, Brasiliense, 1988.]

____. "Qu'est-ce qu'un dispositif?", in *Michel Foucault philosophe*, Paris, Seuil, 1989.

____. "Désir et plaisir", *Magazine Littéraire*, 325, outubro 1994.

____. *Pourparlers*. Parte III, Paris, Minuit, 1990.

Derrida, Jacques. "Cogito et histoire de la folie", *Revue de Métaphysique et de Morale*, 3 e 4, 1964; reed. em *L'écriture et la différence*, Paris, Seuil, 1967.

____. "Faire justice à Freud", in *Penser la folie: essais sur Michel Foucault*, Paris, Galilée, 1994.

Dreyfus, Hubert e Rabinow, Paul. *Michel Foucault. Beyond Structuralism and Hermeneutics*, Chicago, Chicago Press, 1982.

Eribon, Didier. *Michel Foucault*, Paris, Flammarion,1991. [Ed. bras.: *Michel Foucault*, São Paulo, Companhia das Letras, 1990.]

____. *Michel Foucault et ses contemporains*, Paris, Fayard, 1994. [Ed. bras.: *Michel Foucault e seus contemporâneos*, Rio de Janeiro, Zahar, 1996.]

Évrard, Frank. *Michel Foucault et l'histoire du sujet en Occident*, Paris, Bertrand-Lacoste, 1995

Felman, Shoshana. "Madness and philosophy; or literature's reason", *Yale French Studies*, 52, 1975.

Fimiani, Mariapaola. *Foucault et Kant. Critique, clinique, éthique*, tr. fr., Paris, Montréal, L'Harmattan, 1997

Flaherty, Peter. "(Con)textual context: Derrida and Foucault on madness and the Cartesian subject", *Philosophy of the Social Sciences*, 16, 1986.

Gros, Frédéric. "Littérature et folie", *Magazine Littéraire*, 325, outubro 1994.

____. *Foucault et la folie*, Paris, PUF, 1997.

Habermas, Jürgen. *O discurso filosófico da modernidade*, tr. port., Lisboa, Dom Quixote, 1990.

____. "Une flèche dans le coeur du temps présent", *Critique*, 471-472, agosto-setembro 1986.

Han, Béatrice. *L'ontologie manquée de Michel Foucault*, Grenoble, Jérôme Millon, 1998.

Hollier, Denis. "Le mot de Dieu 'Je suis mort'" in *Michel Foucault philosophe*, Paris, Seuil, 1989.

Künzel, Werner. *Foucault liest Hegel: Versurch einer polemischen Dekonstruktion dialektischen Denkens*, Frankfurt, Haag e Herchen, 1985.

Lanigan, Richard. *The Human Science of Communicology: A Phenomenology of Discurse in Foucault and Merleau-Ponty,* Pittsburgh, Duquesne University Press, 1982.

Larrosa, Jorge. *La experiencia de la lectura. Estudios sobre literatura y formación,* parte I, cap.4: "La locura en el lenguage. Foucault". Barcelona, Laertes, 1996.

Lebrun, Gérard. " Transgredir a finitude", in *Recordar Foucault,* São Paulo, Brasiliense, 1985.

____. "Note sur la phénoménologie dans *Les mot et les choses*", in *Michel Foucault philosophe,* Paris, Seuil, 1989.

Lemert, Charles e Gillan, Garth. *Michel Foucault: Social Theory and Transgression,* Nova York, Columbia University Press, 1982

Lüsebrink, Hans-Jürgen. "'Généalogie de la morale' als form von Geschichtsschreibung. Zur Rezeption Nietzsches in Werk Michel Foucault", in *F. Nietzsche. Strukturen der Negativität.*

Macey, David. *The Lives of Michel Foucault,* Nova York, Vintage Books, 1995.

Machado, Roberto. *Ciência e saber. A trajetória da arqueologia de Foucault,* Rio de Janeiro, Graal, 1982.

____. "Archéologie et épistémologie", in *Michel Foucault philosophe,* Paris, Seuil, 1989.

Macherey, Pierre. "Nas origens da *História da loucura*: uma retificação e seus limites", in Janine Ribeiro Renato (org.), *Recordar Foucault,* São Paulo, Brasiliense, 1985.

____. *À quoi pense la littérature?,* Paris, PUF, 1990.

____. "Foucault/ Roussel/Foucault", apresentação da reedição do *Raymond Roussel* de Michel Foucault, Paris, Gallimard, 1992.

Mahon, Michel. *Foucault's Nietzschean Genealogy: Truth, Power, and Subject.* Albany, State of New York Press, 1992.

Megill, Allan. *Prophets of Extremity: Nietzsche, Heidegger, Foucault, Derrida,* Los Angeles, University of California Press, 1985.

Moraes, Eliane Robert. "Sade: uma proposta de leitura", in Tronca, Italo (org.), *Foucault vivo,* Campinas, Pontes, 1987.

Nunes, Benedito. "A arqueologia da arqueologia", in *O dorso do tigre,* São Paulo, 1969.

O'Sullivan, Gerry. "Intertextuality in Borges and Foucault", in Aizemberg, Edna. *Borges and his Successors. The Borgesian Impact on Litterature and the Arts,* Columbia/Londres, University of Missouri Press, 1990.

Pelbart, Peter Pál. *Da clausura do fora ao fora da clausura: loucura e desrazão,* São Paulo, Brasiliense, 1989.

Pizer, John. " The use and abuse of 'Ursprung': on Foucault's reading of Nietzsche, *Nietzsche Studien*, 1991.

Prete, Antonio. "Per una genealogia della letteratura", *Aut Aut*, 167-168, setembro-dezembro 1978.

Rajchman, John. *Michel Foucault: The Freedom of Philosophy*, Nova York, Columbia University Press, 1985. [Ed. bras.: *Foucault: a liberdade da filosofia*, Rio de Janeiro, Zahar, 1987.]

Revel, Jean. "Scoli di Michel Foucault dalla trasgressione letteraria alla pratica politica", in Grillo, A. (org.), *A partire da Michel Foucault. Studi su potere e soggettività*, Palermo, La Siza, 1994.

____. *Foucault, le parole e i poteri*, Roma, Manifestolibri, 1996.

Revel, Judith. "Histoire d'une disparition. Foucault et la littérature", *Le Débat*, 79, março-abril 1994.

____. "Foucault lecteur de Deleuze: De l'écart à la différence", *Critique*, 591-592, agosto-setembro 1996.

Roudaut, Jean. "Bibliothèque imaginaire", *Magazine Littéraire*, 207, maio 1984.

Roussel, Yves. "Le mouvement d'écrire", in Giard, Luce (org.), *Michel Foucault, lire l'oeuvre*, Grenoble, Jérôme Millon, 1992.

Russ, Jacqueline. *Histoire de la folie: Michel Foucault*, Paris, Hatier, 1979.

Seem, Mark. "Liberation of difference:Toward a theory of antilitterature", *New Litterary History* .

Schnädelbach, Herbert. "The face in the Sand: Foucault and the Anthropological Slumber", in Honneth, A. ET AL. (orgs.), *Philosophical Interventions in the Unfinished Project of Enlightenment*, Cambridge/Londres, MIT Press, 1992

Sollers, Philippe. "Logicus solus", *Tel Quel*, 14, verão 1963; reproduzido em *Logiques*, Paris, Seuil, 1968.

Terra, Ricardo. "Foucault leitor de Kant: da antropologia à ontologia do presente", *Analytica*, vol.2, nº1, 1997.

Ternes, José. *Michel Foucault e a idade do homem*, Goiânia, Ed. UCG/Ed. da UFG, 1998.

Wahl, François. *Qu'est-ce que le structuralisme?*, Paris, Seuil, 1968.

Watson, S. "Kant and Foucault on the Ends of Man", *Tijdschrift voor Filosofie*, 47º ano, nº1, março 1985.

Bibliografia citada

Bataille, Georges. *L'expérience intérieure*, Paris, Gallimard, 1954. [Ed. bras.: *A experiência interior*, São Paulo, Ática.]

____. *La littérature et le mal*, in *Oeuvres complètes*, IX, Paris, Gallimard, 1979. [*A literatura e o mal*, Porto Alegre, LP&M.]

____. *L'érotisme*, Paris, Minuit, 10/18, 1957. [Ed. bras.: *O erotismo*, Porto Alegre, LP&M.]

____. *L'histoire de l'érotisme*, in *Oeuvres complètes*, VIII, Paris, Gallimard, 1976.

____. *L'espace littéraire*, Paris, Gallimard, Idées.1955.

Blanchot, Maurice. *Le livre à venir*, Paris, Gallimard, Idées, 1959.

____. *L'entretien infini*, Paris, Gallimard, 1969.

Deleuze, Gilles. *Critique et clinique*, Paris, Minuit, 1993.

____. *Différence et répétition*, Paris, PUF, 1968. [Ed. bras.: Diferença e repetição, Rio de Janeiro, Graal, 1988.]

Heidegger, Martin. *Approche de Hölderlin*, tr. fr., Paris, Gallimard, Tel, 1973.

____. *Kant et le problème de la métaphysique*, tr. fr., Paris, Gallimard, 1953.

Kant, Immanuel. *Critique de la raison pure*, tr. fr, Paris, PUF, 1965.

____. *Logique*, tr. fr., Paris, Vrin, 1966.

Nietzsche, Friedrich. *Obras incompletas*, São Paulo, Abril Cultural, col. Os Pensadores, 1974.

____. *Oeuvres philosophiques complètes*. tr. fr, Paris, Gallimard, 1977.

Roussel, Raymond. *Comment, j'ai écrit certains de mes livres*, Paris, Jean-Jacques Pauvert, 1963.

Swain, Gladys. "Deux époques de la folie", *Libre*, 3, Paris, Payot, 1977.

Índice remissivo